Conexão em ação 5

CARLOS LEGAL

Conexão em ação

Os 10 princípios do **Yoga** que transformam a sua **Liderança**

ACTUAL

Conexão em Ação

ISBN: 978-65-5427-275-9

Impresso no Brasil — 1ª Edição, 2024 — Edição revisada conforme o Acordo Ortográfico da Língua Portuguesa de 2009.

Dados Internacionais de Catalogação na Publicação (CIP)
(Câmara Brasileira do Livro, SP, Brasil)

Legal, Carlos
Conexão em ação : os 10 princípios do Yoga que transformam a sua liderança / Carlos Legal. --
1.ed. -- São Paulo : Actual, 2024.
ISBN 978-65-5427-275-9

1.Ambiente de trabalho - Aspectos psicológicos 2. Desenvolvimento pessoal 3. Gestão de negócios 4. Liderança 5. Meditação 6. Psicologia 7. Saúde mental 8. Yoga - Aspectos da saúde I. Título.

24-204847 CDD-613.7046

Índices para catálogo sistemático:

1. Yoga : Promoção da saúde 613.7046

Aline Graziele Benitez - Bibliotecária - CRB-1/3129

Grupo Editorial Alta Books

Produção Editorial: Grupo Editorial Alta Books
Diretor Editorial: Anderson Vieira
Editor da Obra: Marco Pace
Vendas Governamentais: Cristiane Mutüs
Gerência Comercial: Claudio Lima

Produtor Editorial: Thiê Alves
Revisão: Casa de Ideias
Diagramação: Casa de Ideias
Capa: Casa de Ideias

ALTA BOOKS
GRUPO EDITORIAL

Rua Viúva Cláudio, 291 — Bairro Industrial do Jacaré
CEP: 20.970-031 — Rio de Janeiro (RJ)
Tels.: (21) 3278-8069 / 3278-8419
www.altabooks.com.br — altabooks@altabooks.com.br
Ouvidoria: ouvidoria@altabooks.com.br

Editora **afiliada à:**
ASSOCIADO

À Fonte geradora de toda vida, sabedoria e bençãos.
Aos meus amados filhos, Anna Clara, André (*in memoriam*) e
Lorena, minhas bençãos mais especiais.

Agradecimentos

Não realizamos nada sozinhos, pois estamos conectados ao mundo e a pessoas que nos inspiram, nos educam, nos cuidam, nos ensinam e oferecem oportunidades. Convivo com o Yoga desde os meus doze anos, quando minha mãe, Rita de Cássia Legal, aprendeu sobre esse conhecimento para combater uma depressão. Após sua guinada, ela foi estudar e se tornou professora, passando a ajudar muitas outras mulheres a fortalecerem seus corpos e mentes para conquistarem mais saúde e bem-estar. Tempos depois, percebi que, sutilmente, ela já introduzia alguns dos princípios apresentados neste livro em nossa educação. Agradeço a você, minha amada mãe, pelas primeiras sementes plantadas e por ser a confirmação do poder transformador dessa arte de viver.

Carlos Eduardo "Duda" Legal, na época com oito anos, foi meu primeiro parceiro de práticas. Uma de nossas brincadeiras era imitar aquelas posturas estranhas que encontrávamos nos livros de Hatha Yoga da dona Rita. Algum tempo depois, já jovens adultos, exploramos juntos muitas outras práticas e territórios do Yoga. De todos eles, o PYT® (Programa de Yoga no Trabalho) foi a maior aventura, com a qual tivemos a honra e responsabilidade de despertar milhares de pessoas para uma cultura de saúde, durante os doze anos em que o programa esteve em atividade como ação de qualidade de vida em grandes organizações. Depois, empreendemos a Vila Yoga, que se tornou um refúgio de bem-estar na zona norte de São Paulo. Ali, passamos por muitas coisas e chegamos até aqui. Sua inteligência, nobreza, alegria e generosidade certificam o alto potencial do Yoga em moldar o caráter de um indivíduo. Mano querido, obrigado por tanto, inclusive pela revisão técnica e sugestões para este livro.

Agradeço a cada pessoa que nos ajudou nessas iniciativas, a todas as colaboradoras, às professoras e aos professores do PYT® e da Vila Yoga que nos apoiaram no propósito de popularizar o Yoga. E claro, todas as alunas e alunos que tivemos a honra de conviver, ensinar e aprender.

Tive o privilégio de conviver e aprender com muitos mestres, que me apresentaram camadas distintas dessa arte. Meu máximo respeito a todos eles, em especial: Claudio Duarte, Marcos Rojo Rodrigues, Daisy Rodrigues, professor Hermógenes, Shotaro Shimada, Joaquim Cristóvão de Oliveira, Sandro Bosco, Osvaldo Marmo, Glória Arieira, Lia Diskin e Basilio Pawlowicz. Aos muitos irmãos e irmãs que o Yoga me presenteou, com destaque especial a Ana Cristina Pulcherio Ferreira e José Marcos Marinho Holanda.

Agradeço muito aos diretores da ABQV (Associação Brasileira de Qualidade de Vida), que, em 2001, acolheram um atrevido desconhecido. Em especial, Cecilia Shibuya, que deu a primeira oportunidade numa reunião mensal para subir ao palco e falar sobre Yoga. Um dia que mudou tudo. Agradeço às mentes brilhantes que passei a conviver, como Ana Cristina Limongi-França, Dr. Alberto Ogata, Samia Simurro, Osvaldo Stefano e muitos outros. Nesse espaço, conquistei amigos, que têm uma forte influência em minha vida pessoal e profissional e contribuíram muito em vários aspectos. Destaque especial para minha querida amiga Rita Laert Cotrim Passos e ao amigo Paulo Erlich, que extrapolaram os limites da saúde corporativa. Uma reverência particular ao Dr. Ricardo De Marchi, que foi um amigo e mentor por muitos anos.

Meus colegas da Nestlé Brasil, que fizeram um convite inesperado e abriram um portal de possibilidades: Serafim Pires de Oliveira, Dr. Dinerges Toniolo e Marlene Capel, parceira e amiga até os dias de hoje.

Ao amigo e mentor Luiz Augusto Costacurta Junqueira, que tanto ensinou e inspirou. Por ele, ganhei a minha amiga, irmã de coração, mentora e parceira de muitos projetos Denize Athayde Dutra, que carinhosamente fez o prefácio deste livro. Minha gratidão eterna por ter me inserido na vida acadêmica e todos os bons desdobramentos que surgiram a partir daí. Um deles foi a aproximação com o coordenador Edmarson Bacelar Mota, que se tornou um querido amigo e parceiro, confiando e oferecendo ótimas oportunidades para que eu testasse alguns desses conhecimentos também no ambiente acadêmico. Aos muitos colegas e amigos que fiz na FGV (Fundação Getulio Vargas), por todas as trocas e aprendizados recíprocos que ampliam constantemente minha visão sobre liderança e outros temas. Aos milhares de alunos que tive a honra de conviver durante todos esses anos de carreira como professor e consultor. A todos os meus clientes corporativos e mentorados que confiam em minhas ideias para apoiar suas ações de aprendizagem e desenvolvimento para fortalecer seus negócios por meio do conhecimento.

Um carinho especial para as Irmãs Beneditinas do Mosteiro de São João em Campos do Jordão, que me acolheram por alguns dias em seu oásis de paz e espiritualidade para acelerar a produção deste livro.

Igdal Parnes, meu amigo e colega de docência, que articulou minha chegada na editora Almedina Brasil e ao meu editor Marco Pace, por acreditar neste projeto. Gratidão a toda a equipe da Editora Almedina pelo apoio e pela parceria.

Deixei por último o agradecimento mais especial para minha querida Ana Claudia Machado Legal, por seu amor, parceria, por todo o cuidado, boas críticas e aprendizados que tenho contigo todos os dias.

São Paulo, fevereiro de 2024

Sumário

Prefácio

Receber o convite para prefaciar esta obra trouxe-me vários sentimentos que me faltam palavras para expressá-los. Mas tomei-o como desafio, dada a importância da própria obra e, especialmente, do autor na minha trajetória profissional e na vida pessoal. Tal importância pode ser representada pela palavra conexão, presente no título da obra.

Em 1999, durante um evento de educação corporativa de um grande parceiro de negócios, conheci Carlos Legal, um jovem profissional da área de treinamento e desenvolvimento, que, ao final da minha apresentação, me procurou para dizer que tinha se identificado muito com minhas ideias e estilo de comunicá-las e isto o inspirou a um dia estar naquele lugar. Esta foi uma expressa manifestação da conexão que ocorreu naquele momento.

Iniciamos ali uma parceria que só cresceu ao correr dos anos, não apenas pelos inúmeros projetos que juntos realizamos, mas pelo aprendizado que tivemos com esta parceria, que extrapolou o campo profissional, nos possibilitando apoios mútuos em momentos difíceis de nossas vidas, gerando-nos uma profunda admiração pelo que nos tornamos.

Com este breve histórico, os sentimentos começam a ficar mais claros, minha alegria, minha gratidão por este convite e meu orgulho por ele, pouco tempo depois, tornar-se palestrante e professor, agora, compartilhando com brilhantismo seus conhecimentos e experiências. Nosso relacionamento retrata uma genuína liderança baseada no exemplo, na inspiração e na influência sem autoridade, pautada em valores e princípios. Liderança que nada tem a ver com cargos e posições hierárquicas, mas com atitudes citadas no decorrer desta obra, trata exatamente da liderança como a arte da conexão, e como os princípios do Yoga, prática e estudo que fazem parte da vida do autor, podem se aplicar à liderança em qualquer contexto e no mundo atual, mesmo o Yoga sendo um conhecimento milenar como ele se ressignifica nos diferentes exemplos que traz.

A prática do Yoga fez parte de fases da minha vida e consigo ver pleno sentido no tema tratado nesta obra e imaginar o impacto transformador em seus leitores, à medida que abram suas mentes e corações à conexão, primeiro consigo mesmos, depois, com as palavras do autor e, por último, com o outro.

Aprendi nesta leitura que o próprio significado da palavra Yoga é "um estilo de vida que leva à conexão franca consigo mesmo, em todas as dimensões (física, emocional, mental e espiritual), depois com as pessoas próximas com quem se relaciona", o que em meus estudos (mais das teorias ocidentais) e em minha experiência profissional e pessoal só fortalece a minha crença de que a essência da verdadeira liderança é a liderança de si mesmo.

Outro aspecto de total conexão com a obra é o fato de que a nossa vida e assim a liderança são feitas de escolhas, e toda escolha tem consequências, seja pelo Yoga ou pela filosofia, especificamente, como foi o meu caminho estudando Edgar Morin, a consciência disso nos permite ser protagonistas de nossa vida e carreira e assumirmos a responsabilidade por nossos atos.

Se eu fosse comentar aqui todos os pontos de conexão que a obra tem comigo tiraria do leitor a oportunidade de viver esta leve, e ao mesmo tempo intensa, experiência de descobrir um novo significado para os atuais desafios da liderança, percorrendo a jornada pelo conhecimento dos princípios do Yoga.

Sinceramente, desejo ao leitor que sua experiência seja tão rica e transformadora quanto foi a minha; nela, pude fazer uma autocrítica sobre minhas incoerências entre discurso e ações e outros tantos paradoxos do mundo turbulento em que vivemos. Precisamos ter "a coragem de sermos imperfeitos", como nos inspira a obra de Brené Brown, mas não cairmos nas armadilhas da autojustificação, da vitimização, dentre outras, substituindo círculos viciosos por círculos virtuosos de influência verdadeiramente positiva, que conecte cada um com seu propósito e seus valores e conecte todos entre si, formando uma verdadeira corrente do bem dentro das organizações, onde haja mais saúde, paz, justiça e prosperidade para todos!

Gratidão ao Carlos Legal por este presente!

Saúde, serenidade e uma liderança inspiradora para todos!

Denize Athayde Dutra da Costa
Amiga, Parceira, Eterna Aprendiz
Coordenadora e Professora dos Cursos de Liderança da FGV – Fundação Getulio Vargas
CEO da Denize Dutra Gestão e Desenvolvimento

Apresentação

"Uma mente medíocre, diante dos erros alheios, exige justiça. Mas diante de seus próprios erros, clama por misericórdia."

B. K. S. Iyengar

Desde os primórdios da humanidade, a liderança é uma das funções sociais mais exigentes para um indivíduo. Numa tribo tradicional, por exemplo, era uma função legitimada pela idade, autoridade, senso de responsabilidade ou apenas pela sucessão natural. O povo reconhecia nesse(a) líder atributos que geravam confiança e inspiração, pois seus conselhos e decisões eram capazes de afetar toda a comunidade, por vezes, de forma irreversível. Nesse contexto, a liderança estava associada à autoridade e ao poder para servir, pautados na sabedoria e no senso ético que envolviam um coração forte, sensível e inspirado, capaz de manter a comunidade unida e fazê-la crescer. O quanto as lideranças modernas estão se apoiando nesse ideal?

Martin Luther King afirmou que "o poder sem amor é imprudente e abusivo, e o amor sem poder é sentimental e anêmico"[1], sugerindo que a liderança deveria ser exercida por alguém capaz de, simultaneamente, servir, inspirar e cuidar das pessoas enquanto as mobiliza a realizar objetivos de interesse da comunidade. Aqui deparamos com o dilema na liderança atual – a incapacidade da maioria dos líderes, sejam eles políticos, empresariais e sociais, de integrar competências, à primeira vista, antagônicas. A mentalidade e cultura vigente na maio-

---

1 Citado por Adam Kahane em *Poder & Amor*.

ria das organizações, principalmente as empresariais, é de que, se um indivíduo é pragmático, ele é pouco humano; se for humanizado, é pouco prático; se focar em resultados, é insensível. Se for ético, não gera os resultados necessários. Esse antagonismo interno do "ou-ou" afasta a pessoa de sua potência, desagrega a comunidade e prejudica a própria liderança.

O teórico da gestão do conhecimento Ikujiro Nonaka afirmou que "pessoas e organizações bem-sucedidas parecem possuir alguma capacidade de enfrentar e tirar vantagem dos paradoxos, das ambiguidades e das incertezas que caracterizam essa época de complexidade crescente"[2]. E essa conexão se faz cada vez mais necessária para construção de comunidades saudáveis e que acolham tanta diversidade. A construção de uma mentalidade integrativa é capaz de operar sistemicamente para ajudar as pessoas e as organizações a terem um olhar mais ampliado frente à realidade, a superarem as contradições e a tirania excludente do "ou-ou" e operar num padrão mais inclusivo de "ambos-e".

Yoga é sobre isso. O termo tem origem na raiz sânscrita *Yuj*, que possui diversos significados, entre eles: integração, união, junção, conjunção ou conexão. É um método educacional antigo, que tem por finalidade fortalecer a relação, em primeiro lugar, do indivíduo consigo mesmo, com suas capacidades e com o próprio fluxo da vida. Isso inclui a sua comunidade e o ambiente. Os métodos propostos pelo Yoga visam dar condições para o indivíduo construir uma vida completa, de harmonia e plenitude em todas as suas dimensões – ambiental, social, física, emocional, mental e espiritual. Essencialmente o Yoga é o "ingresso para a liberdade, a paz interna e a felicidade"[3].

O Yoga está inserido num contexto histórico e cultural que preconiza o humano como um ser repleto de potencial, essencialmente livre de limitações, porém, impedido de exercer seu potencial por ele

2 Hirotaka Takeuchi e Ikujiro Nonaka, *Gestão do Conhecimento*.
3 Georg Feuerstein, *A Tradição do Yoga*.

mesmo. O reconhecimento de que a nossa própria mentalidade pode nos potencializar ou bloquear confirma que o autoconhecimento é essencial para aprendermos sobre nossa dinâmica interna, saber refletir, observar e até modificar nossa própria natureza e conjunto de tendências, na tentativa de nos libertar daquilo que nos limita e nos impede de aplicar a plena inteligência na vida.

Para o Yoga, o problema está na desconexão do indivíduo com ele mesmo e com a comunidade. Vamos descobrir que o Yoga, além de identificar o problema, propõe soluções. A vida já é conexão, mas o que nos impede de ver essa realidade? Estamos conectados com a natureza, com o planeta e com relações humanas; nos aspectos cultural, emocional, estrutural, financeiro e mais recentemente, virtual. No entanto, vivemos a maior crise de conexão. Não pela ausência de recursos, mas pela falta de aperfeiçoamento da consciência e abundância de distrações artificiais. Nossa percepção limitada sobre a realidade nos impede de ver as conexões vivas que fazem parte da existência.

Uma organização – uma família, uma cidade, um país, o planeta ou uma empresa – é uma entidade viva, exatamente como um organismo. Pessoas são como células; áreas e departamentos como órgãos e tecidos, que precisam trabalhar sinergicamente para manter a organização saudável. A natureza é um sistema auto-organizado que integra os paradoxos da cooperação e competição de forma harmônica. Numa organização, o talento individual se potencializa quando está conectado com outros talentos para servir ao interesse do todo. E o grande desafio é como articular, como conviver, como manter viva e lúcida essa conexão inerente. O ponto cego da percepção de cada um de nós não nos deixa enxergar com clareza.

Em minha opinião, este é um dos papéis da liderança. Conectar as pessoas entre si; conectar as equipes com uma visão clara e propósitos vibrantes; conectar as pessoas com seu próprio potencial. Mas antes, o líder tem um desafio – conectar-se consigo mesmo, para se tornar exemplo. O líder só cumpre sua função com maestria quando conectado com as pessoas, engajado num propósito e integrado consigo mesmo, pois é impossível ser um bom líder sem ser também um indivíduo moral e espiritualmente maduro. E o mundo tem urgência dessas lideranças.

O Yoga propõe uma sabedoria estranha para a maioria, mas uma inteligência viável e prática que se propõe a fornecer um referencial capaz de nos ajudar a compreender a nossa natureza básica e nossa relação com um Universo cheio de mistérios. É extraordinário, pois vai muito além do cotidiano ordinário, sem deixar de prestar um serviço para a vida prática, no aqui e agora. De forma ampla, sugere comportamentos que nos colocam diante da nossa imaturidade como espécie, apesar de nosso incrível progresso material e tecnológico; progresso este que acabou por nos desconectar da natureza, da relação qualificada com os outros e, sobretudo, de nós mesmos. Yoga é um método para a vida cotidiana, que tem como meta a plenitude humana e como caminho a ética, a perfeita conduta intima, a saúde perfeita, o domínio de si mesmo e a atenção plena. São elementos que, no mundo moderno, temos falado com certa desenvoltura, mas que ainda têm faltado prática sincera.

Ao escrever este livro, fixei o objetivo claro de introduzir os aspectos comportamentais do Yoga ao contexto da liderança, explorando as duas primeiras etapas do método óctuplo de Patanjali. Os *Yamas* são as cinco disciplinas ou princípios éticos/sociais, que visam preservar a harmonia nas relações, pautada na credibilidade, no respeito e na confiança. Para a liderança, são questões fundamentais, para fortalecer sua relação com as pessoas. E os *Niyamas*, os princípios íntimos/pessoais, que devem ser cultivados internamente para potencializar a qualidade das ações da liderança. *Yamas* e *Niyamas* são os dez princípios totalmente viáveis para aqueles que buscam caminhar pelo campo da virtude.

Alguns desses princípios não são totalmente desconhecidos. Mohandas "Mahatma" Gandhi, um dos mais importantes líderes da história – e que inspirou outros gigantes como Martin Luther King e Nelson Mandela –, pautou seu modelo de liderança nos dois primeiros princípios éticos, que abordaremos em detalhes. Gandhi era indiano e, naturalmente, foi influenciado por sua cultura nativa. Mesmo não encontrando referências claras de que Gandhi havia estudado Yoga, muitos dos princípios que serão apresentados não são prerrogativas exclusivas dessa tradição, pois também estão presentes em outras escolas como Budismo, Jainismo e Vedanta. O leitor vai concluir que são princípios universais simples, que, num sentido amplo, orientam as ações e a tomada de decisão do indivíduo.

Para facilitar a compreensão do leitor, em cada capítulo apresento o conceito por trás do princípio, ilustrando com exemplos reais e recomendações de como incorporá-lo na liderança. A base para este livro é a obra clássica *Yoga Sutras de Patanjali*, publicada aproximadamente em 260 a.C., que é considerada a literatura de maior autoridade sobre o tema. Para não tornar essa leitura maçante, optei por não citar trechos da obra, mas cito visões de comentaristas considerados referência, que ajudarão o leitor a ter uma perspectiva mais ampla. Pela inexistência de palavras equivalentes em português que traduzam com fidelidade os conceitos originais, reduzindo e até prejudicando o significado amplo do conceito, citei as palavras no original em sânscrito, propondo uma interpretação ao contexto da liderança, objetivo deste livro.

Como um entusiasta dessa arte milenar, coloco-me como um humilde praticante e aprendiz que oferece apenas a minha interpretação sobre o que procuro aplicar em minha própria vida. Escrever este livro me deu a oportunidade de revisitar, reforçar e observar com atenção onde ainda preciso me refinar. Por isso, não pretendo propor um modelo infalível de perfeccionismo para a liderança, mas ajudar o leitor a conhecer uma boa proposta para pavimentar suas ações. Como diz o filósofo e escritor Mário Sérgio Cortella "nós não nascemos prontos". E por tratar-se de um livro sobre liderança, vou trazer referências de obras e autores da atualidade, visando demonstrar, na medida do possível, a conexão existente entre o conhecimento tradicional e o moderno.

Espero, sinceramente, que este livro inspire você a ser uma liderança mais conectada e humanizada, que encoraje o desejo para a excelência e fortaleça sua mente e seu coração para lidar com os desafios de um mundo em constante transformação.

Boa leitura!
Carlos Legal

Uma história como ponto de partida

Figura 1: Parthasarathi: O condutor da carruagem.
Fonte: Pariksit Dasa, 1984.

Esta imagem é a representação artística da escritura sagrada *Bhagavad Gita* (A Canção do Senhor ou o Diálogo entre Senhor Krishna e Arjuna), parte integrante de *O Mahabharata* – a maior epopeia da literatura mundial e um dos textos mais importantes da cultura indiana. Na história, dois clãs herdeiros da família real – os Kauravas e os Pandavas – entram em conflito pelo trono mítico de Hastinapura.

Duryodhana, o líder Kaurava retratado como obstinado e traiçoeiro, deseja exercer o controle absoluto sobre o reino, enquanto se recusa a fazer concessões aos direitos legítimos dos Pandavas, seus primos. Duryodhana representa uma liderança negativa, sendo a personificação do egoísmo, da ganância e da tirania.

Do outro lado, os Pandavas são liderados pelo irmão mais velho, Yudhishthira, que, apesar de enfrentar inúmeras adversidades e injustiças ao longo da história, se mantém fiel aos seus valores e princípios. E, ao contrário do primo, é a personificação da sabedoria, do discernimento, da integridade e do senso de justiça, tornando-se o arquétipo da liderança humanizada baseada na virtude ética e num modelo de conduta ideal na realização de objetivos.

O conflito entre os Kauravas e os Pandavas é a metáfora da condição humana, que simboliza a luta interna pelo reino da consciência entre as forças viciosas e virtuosas. Representa o conflito entre os valores contraditórios, que todos nós em algum momento da jornada da vida enfrentamos na busca pelo justo, pelo bem e pela ordem, em meio às circunstâncias desafiadoras. Outro importante personagem dessa trama é Arjuna, um dos príncipes Pandavas, descrito como um corajoso guerreiro que é desafiado a fazer uma escolha. Na narrativa, com a aproximação do conflito, Arjuna enfrenta uma profunda crise moral e emocional, sentindo-se vacilante diante da perspectiva de ter que lutar contra seus próprios parentes, amigos e professores, o que o leva a questionar o propósito da guerra.

Então, Krishna – o condutor da carruagem – revela sua verdadeira natureza divina e atua como seu mentor e conselheiro, ajudando-o a superar suas dúvidas, oferecendo orientações até que Arjuna tenha melhor clareza sobre o significado de seu papel e cumpra o seu dever (*Dharma*) de lutar e defender a justiça e a ordem social. Arjuna, juntamente com Krishna, são os protagonistas da *Bhagavad Gita*, onde ocorre o mítico diálogo momentos antes da batalha.

Arjuna representa a humanidade comum – eu e você – com todas as nossas dúvidas, medos e conflitos internos. A luta interna de

Figura 2: Diálogo entre Arjuna e Krishna.

Arjuna reflete o dilema universal entre o dever e as paixões, o discernimento e a confusão, o ego e a sabedoria. Através de Arjuna, somos levados a refletir sobre como nos conduzimos na vida, nossas escolhas e impasses que enfrentamos em nosso cotidiano. Um personagem que simboliza nossa inclinação para a ação correta, nosso desejo de conexão com as virtudes, com o sagrado; nossa aspiração para a transformação interior e a busca pela compreensão mais profunda sobre a natureza da vida.

Krishna simboliza o discernimento, o aspecto divino que inspira e revela ao seu aprendiz a "ação correta", resumida pelo cumprimento dos seus deveres utilizando suas habilidades e talentos, de acordo com a sua própria natureza, assumindo total responsabilidade por suas ações e consequências. Os inimigos de Arjuna, os Kauravas, representam a personalidade obcecada em dominar, que se torna insensível e desumana quando sofre as distorções dos vícios, em que o maior deles é o egoísmo, pois uma personalidade egoísta acredita que as coisas são feitas para satisfazer apenas a si mesmo.

Além do egoísmo, os Kauravas encarnam a hipocrisia, a mentira, o orgulho, a arrogância, a indelicadeza, a ganância, o assédio, a ira, a vaidade, os preconceitos e todos os vícios que afetam a personalidade humana não trabalhada e que a faz sentir-se o centro do mundo. Esses são os inimigos de Arjuna que precisam ser aniquilados para que o herói se conecte com a sua potência inerente. Mas como são "familiares", reluta em destruí-los.

A *Bhagavad Gita* trata do autoconhecimento e do papel que a contemplação exerce na conscientização dessa dinâmica interna, evocando o protagonista a buscar a virtude para a construção de uma vida plena e significativa. Revela que a vida é uma jornada espiritual que deve ser trilhada com compromisso, responsabilidade, discernimento e desapego, enfrentando os desafios com destemor. Krishna ensina que a mente é uma ferramenta poderosa, mas que pode ser rebelde e tumultuada. Se não for adequadamente treinada e disciplinada, levará o protagonista ao desequilíbrio, à confusão e à insegurança.

A *Gita* ainda nos oferece outra expressiva metáfora sobre a condição humana, ao associar cada elemento da imagem da carruagem com as dimensões física, emocional, mental e espiritual do ser humano. A carroça representa o corpo humano, que hospeda Arjuna, a consciência individual, o espírito. Os cavalos simbolizam os sentidos e as emoções, forças extremamente poderosas que precisam ser domadas e dirigidas pelas rédeas, que correspondem à mente. Krishna, o cocheiro, é a inteligência – racional e emocional – que maneja habilmente as rédeas para conduzir os cavalos na direção correta. O campo de batalha simboliza a arena da vida, onde ocorrem as experiências.

A primeira reflexão que podemos extrair dessa perspectiva é sobre como estamos a cuidar da nossa saúde em sua integralidade? Imagine a hipótese do(a) guerreiro(a) se colocar na arena da vida com seu coche sem a manutenção preventiva adequada? Ou o cocheiro, no dia da batalha, esgotado após uma noite mal dormida, tem seu senso de direção prejudicado e não consegue segurar as rédeas com firmeza, deixando os cavalos sem qualquer controle? E se o príncipe não tivesse clareza de sua visão, propósito e de seu papel no campo de batalha? Uma fórmula para o desastre.

Na *Gita*, a palavra "*Yoga*" tem um significado amplo e profundo. Refere-se a um estilo de vida que leva à conexão franca consigo mesmo, depois com as pessoas, com a comunidade, com a natureza e com o sagrado. Representa a jornada humana, o valor e a intenção para prestar um serviço à vida. No contexto da liderança moderna, o "*Yoga*" da *Bhagavad Gita* reforça a tese de que, antes de liderar os outros, é preciso conhecer a si mesmo, identificando os seus próprios, valores, forças, fraquezas e propósitos. Quando somos confrontados com dilemas e desafios complexos, onde apoiamos nossas decisões? Nos vícios ou nas virtudes?

As pressões e expectativas aos quais todos nós somos submetidos podem produzir a dúvida. No ambiente corporativo, por exemplo, o mantra "foco em resultados" desperta uma ansiedade desproporcional que pode levar as pessoas ao adoecimento. Fomos condicionados a acreditar nessa pseudoverdade, sem questionar. Uma liderança que não filtra essa condição transfere essa pressão para suas equipes, gerando o risco de desconexão com os processos e as pessoas envolvidas.

A "ação correta" da *Gita* sugere que devemos ter uma visão, um objetivo e focar na ação, com total atenção e potência no momento presente, fazendo o melhor com as nossas habilidades e talentos, tendo uma expectativa apropriada em relação aos resultados, pois não temos qualquer controle ou garantia em alcançá-los. Isso é traduzido como desapego pelos frutos dos resultados de nossas ações. Krishna, no papel de mentor de Arjuna, demonstra um profundo compromisso em servir, facilitando o seu desenvolvimento para a sabedoria prática. Em essência, nos incentiva a fazer as melhores escolhas, ao nos alertar de que a vida tem uma lei implacável, simples e prática. De que toda ação gera uma consequência proporcional à qualidade da ação, nos encoraja a estabelecer uma conexão franca com a vida, com o compromisso para atuar com maestria na arena da existência.

Seção 1
O problema

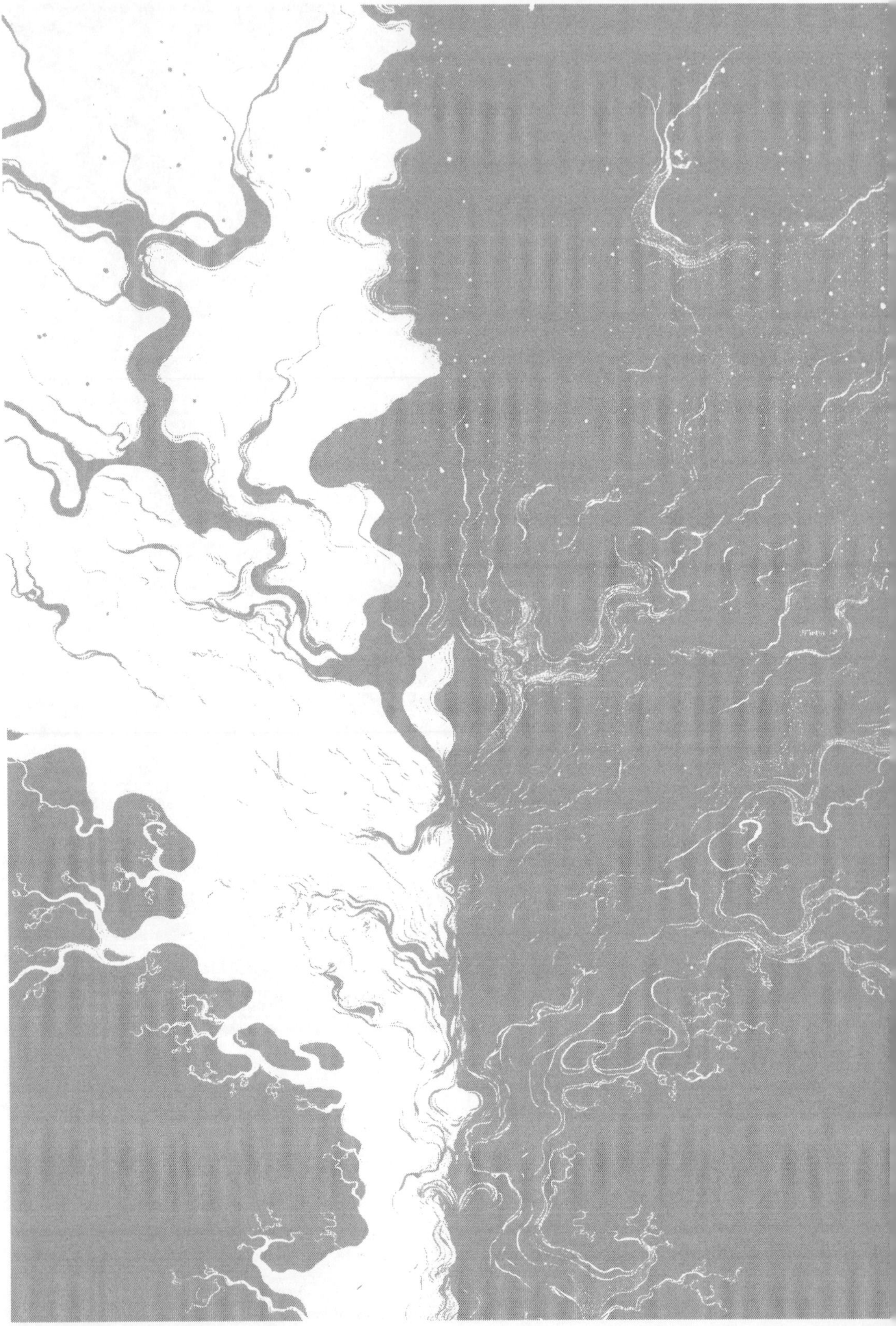

CAPÍTULO 1

As aflições, segundo o Yoga

"Os problemas significativos que enfrentamos não podem ser resolvidos no mesmo nível de pensamento em que estávamos quando os criamos."

Albert Einstein

O Yoga apresenta um problema comum a todas as pessoas – as aflições. Patanjali (o sábio que sistematizou o método no século II a.C.) chama de *Kleshas* as aflições e a causa das aflições mentais que geram sofrimento e afetam todas as pessoas, de qualquer cultura, nacionalidade, etnia e gênero, que perturbam a percepção e obscurecem a mente humana. Também chamadas de "venenos da mente", são consideradas as raízes dos problemas, das insatisfações, da falta de plenitude e dos condicionamentos.

B. K. S. Iyengar classifica os *Kleshas* em três níveis: **intelectual, emocional e instintivo**. Os cinco *Kleshas* interagem como numa hierarquia entre eles, sendo que um retroalimenta o outro. O primeiro é considerado o *Klesha*-Raiz, fonte para todos os outros. São eles:

1. ***Avidya* (falta de sabedoria):** refere-se ao equívoco fundamental, uma ingenuidade ou imaturidade intelectual frente à realidade da vida, que leva à falta de compreensão, uma espécie de esquecimen-

to ou cegueira em relação ao "algo maior", que impede a pessoa de perceber sua verdadeira natureza, levando-a a ter uma visão distorcida da existência, sustentando e alimentando as outras aflições a seguir. É uma aflição de nível intelectual.

2. ***Asmita* (egotismo):** é o senso de ego ou eu separado que produz a tendência de se identificar excessivamente com sua personalidade, suas conquistas, sua autopreservação, olhando apenas para seus objetivos imediatos. *Asmita* faz com que a pessoa se identifique com sua identidade, reforçando sua sensação de separação dos outros, da natureza e do divino. Também é uma aflição de nível intelectual.
3. ***Raga* (apego):** refere-se ao apego aos prazeres sensoriais e às coisas materiais, que causa a inclinação da busca incessante pela satisfação por meio das experiências sensoriais, criando uma dependência pelo prazer. Iyengar explica que "viver nas experiências prazerosas inflama o desejo e o senso de atração, os quais fazem surgir o apego, gerando ganância e luxúria, as quais reforçam o apego e estimulam um desejo ainda maior, já que sempre se quer mais e mais". É uma aflição de nível emocional.
4. ***Dvesa* (aversão):** é o oposto de *Raga* e representa a aversão, a repulsa ou o desejo de evitar certas experiências, pessoas ou situações. Segundo Iyengar, "recordar prazeres perdidos e atormentar-se pelos desejos não realizados conduzem ao sofrimento (...) na angústia extrema, a pessoa passa a odiar a si própria, sua família (...) e sente uma sensação de inutilidade". A aversão surge do desejo de se distanciar de certos afetos negativos, sendo uma aflição de nível emocional.
5. ***Abhinivesha* (autopreservação):** é o impulso pela autoperpetuação, uma tendência natural de amor a vida e suas conquistas. O texto clássico é também interpretado como o apego a vida e o medo de perder tudo pela morte. **É uma aflição de nível instintivo.**

Explorando o problema no contexto da liderança

Em meu trabalho como educador, *coach* e mentor de lideranças, não foi raro ter sido procurado por executivos interessados em realizar um processo de desenvolvimento, que, para minha surpresa, não estavam interessados apenas em aprimorar suas competências ou melhorar seu desempenho profissional. Muitos queriam apoio para resolver um profundo sentimento de vazio que os impedia de se sentirem realizados. Apesar do status, estabilidade financeira e harmonia familiar, muitos deles procuravam por plenitude na vida e até diziam querer uma conexão espiritual com suas atividades profissionais.

Todos nós buscamos sentido no que fazemos. O para quê fazemos o que fazemos passou a ser um questionamento comum e até saudável entre as pessoas, que nos coloca diante de nossa busca de significado na vida, na realização no exercício de um propósito que extrapole apenas o nosso bem-estar individual, seja no trabalho, na relação com nossas equipes ou com a família. Quando não encontramos sentido, nos sentimos aflitos e desconectados. Para alguns, o trabalho é fonte dessa realização, mas, para outros, é causa de sofrimento. O assunto é tão sério que entidades internacionais como a Organização Internacional do Trabalho (OIT) e a Organização Mundial de Saúde (OMS) vêm acompanhando há anos o crescimento do adoecimento mental em todo o mundo, em que todos os avanços de nossa sociedade pós-moderna não foram capazes de mitigar essas ameaças e garantir mais bem-estar e qualidade de vida para as pessoas. O cenário de ansiedade generalizada, sentimentos de infelicidade e depressão crescentes, especialmente após a pandemia de COVID-19 que acometeu o mundo em 2020, são sintomas de um quadro cada vez mais alarmante.

Nossas lideranças, especialmente as políticas, não se encontram isentas dessas condições adversas de saúde, o que poderia explicar algumas manifestações patológicas que se tornariam bem perigosas para a conjuntura política nacional e internacional.

> *Discursando para três mil neurologistas no Congresso Mundial de Neurologia realizado em Londres em 2001, o psiquiatra James F. Toole, presidente da* World Federation of Neurology, *defendeu com muita ênfase os testes para detectar sinais de instabilidade mental em líderes mundiais com idade superior a 60 anos. Muitos gostariam de ver esses testes realizados antes que um candidato realmente entrasse na arena política (Feuerstein, 2009, p. 18).*

I. K. Taimni, um dos mais respeitados comentadores dos *Yoga Sutras de Patanji*, faz uma reflexão contundente sobre a condição da humanidade no tempo e no espaço, demonstrando a insignificância das ações humanas quando observadas de uma perspectiva amplificada e sistêmica da realidade, pouco observada pela maioria de nós.

Na perspectiva do tempo, vou utilizar uma metáfora proposta pelo cientista e astrônomo Carl Sagan. Ele elaborou o Calendário Cósmico, uma escala didática cujo objetivo seria resumir os 13 bilhões de anos do Universo, abreviada em apenas um ano, onde cada segundo do Calendário equivaleria a 475 anos da história da Terra. Isso significa que, com base nessa proporção, navegadores como Cristóvão Colombo e Pedro Álvares Cabral teriam chegado às Américas somente nos últimos segundos do dia 31 de dezembro. O *Big Bang*, que, de acordo com os cientistas marca o início do Universo, é o primeiro momento do Calendário, o que nos ajuda a entender, em termos proporcionais, o quanto determinados fenômenos do Universo – como a formação das estrelas, das galáxias, a origem dos planetas e da Terra – demoraram a acontecer. O mês de dezembro é onde se situa a maior parte dos acontecimentos históricos e a formação da civilização na Terra.

> *A construção de quadros e calendários desse tipo é inevitavelmente humilhante. É desconcertante que, em tal ano cósmico, a Terra não se tenha condensado a partir da matéria interestelar*

antes do início de setembro; que os dinossauros tenham surgido na noite de Natal; que as flores tenham emergido no dia 28 de dezembro e os homens e mulheres tenha aparecido às 22h 30min do último dia do ano. Toda a história conhecida ocupa os últimos 10 segundos do dia 31 de dezembro; e o tempo compreendido entre o declínio da Idade Média e o presente ocupa pouco mais que um segundo. Mas, em virtude de ter sido feito o arranjo desse modo, o primeiro ano cósmico acabou de findar. E, apesar da insignificância do instante que ocupamos até agora no tempo cósmico, é claro que o destino das coisas na Terra e em suas proximidades dependerá muito do conhecimento científico e da sensibilidade própria da humanidade (Sagan, 2002, p. 8).

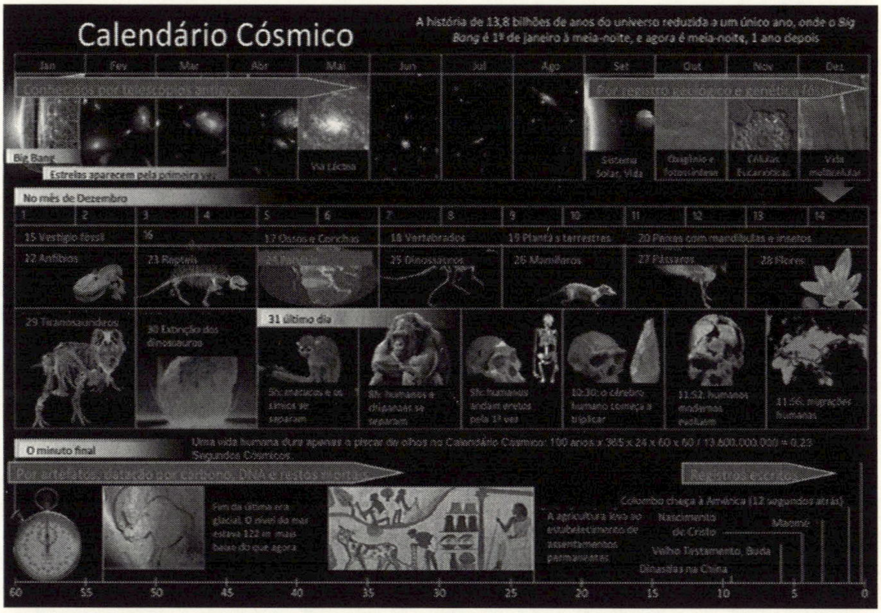

Figura 3: Calendário Cósmico, adaptado pelo autor com base no original em inglês.
Disponível em: https://commons.wikimedia.org/w/index.php?curid=18385338.

Na perspectiva do espaço, as coisas não são muito diferentes e podemos utilizar como base as descobertas da ciência. Mesmo antes que pudéssemos usar um telescópio, podíamos olhar para o céu numa noite estrelada e contemplar admirados uma infinidade de estrelas com nossa visão limitada. Os astrônomos fizeram cálculos aproximados com seus telescópios de alta potência e acreditam haver cerca de 100 bilhões de estrelas somente em nossa galáxia – algumas menores que o Sol e outras muito maiores. A Via Láctea – uma das 100 bilhões de galáxias conhecidas no Universo observável – é tão imensa que a luz, a uma velocidade de 299.792 quilômetros por segundo, leva 100 mil anos para viajar de um lado para o outro.

Essa reflexão ajuda a nos situarmos sobre três pontos fundamentais:

1. O quanto somos insignificantes diante da imensidão da natureza e do Universo que nos cerca, que atua independentemente da vontade humana.
2. Apesar de nossa insignificância, carregamos conosco bilhões de anos de sabedoria deste Universo que vem se aprimorando, o que possibilita a cada um de nós desfrutar dessa sabedoria.
3. Somos soberbos ao alimentar, de forma desproporcional, o senso de autoimportância e supervalorização das ações humanas sobre a natureza e o planeta, pois a vida tem sua própria ordem, e somos parte dela.

A origem do problema, segundo Patanjali, está justamente na percepção distorcida e limitada da realidade (*Avidya*), que conduz as pessoas para ações quase sempre egoístas (*Asmita*) e que são as causas das aflições para si e para os outros e que tem como origem nossos próprios condicionamentos. O psicólogo Daniel Kahneman, Prêmio Nobel de Economia de 2002 e autor do livro *Rápido e Devagar: duas formas de pensar*, afirma que o cérebro humano tem uma tendência de considerar o que é familiar como sendo "o correto". E ao analisarmos atos humanos do passado que eram aceitáveis, e que hoje são atos que passaram a ser considerados absurdos, teremos uma noção clara do poder dos condicionamentos na vida das pessoas e das culturas. Não devemos nos esquecer que pessoas eram queimadas vivas em fogueiras pelo simples motivo de serem diferentes do padrão, que gladiadores lutavam até a morte para entretenimento do povo e das autoridades, que pessoas foram escravizadas por causa da cor de sua pele e muitas florestas foram devastadas em nome do desenvolvimento e do progresso humano. Esses são alguns exemplos de atos considerados normais, aceitáveis e até desejados em certas épocas, mas que, observados em outra perspectiva, demonstram a tendência humana de se acostumar com a falta de sensatez.

José Hermógenes, o grande escritor e professor de Yoga brasileiro, dizia "Deus me livre de ser normal", fazendo uma referência ao conceito da normose, um termo inventado pelo teólogo Jean-Yves Leloup, pelo psicólogo Pierre Weil e pelo psicoterapeuta Roberto Crema, que escreveram o livro *Normose: a patologia da normalidade*, onde definem a normose como "um conjunto de hábitos considerados normais pelo consenso social que, na realidade, são patogênicos e nos levam à infelicidade, à doença e à perda de sentido na vida". Howard J. Ross, professor e autor do livro *Everyday Bias: Identifying and Navigating Unconscious Judgments in Our Daily Lives* (Preconceito Diário: identificando e navegando por julgamentos inconscientes em nossa vida diária), nos provoca a refletir sobre os preconceitos cotidianos, muitas vezes inconscientes e que geram ações e reações sobre como percebemos, nos relacionamos e decidimos, sempre influenciados pela cultura e pelos valores sociais vigentes. De tempos em tempos, passamos por disrupções culturais, que nos abrem para novos valores e práticas sociais.

Otto Scharmer (2010), autor de *Teoria U: como liderar pela percepção e realização do futuro emergente*, afirma que "À medida em que o período atual de mudanças disruptivas se intensifica, aprofundar a capacidade de ver se tornará cada vez mais crítica, permitindo, assim, contribuir para um futuro que faça sentido". Scharmer analisa as consequências das nossas ações coletivas, inconscientes e não intencionais, que criaram as três divisões que caracterizam a economia e a sociedade globais hoje em dia. São elas:

- **Divisão Ecológica**: desconexão entre indivíduo e natureza, que acarreta o crescimento da destruição do meio ambiente.
- **Divisão Social**: desconexão entre o indivíduo e os outros, que acarreta o crescimento da desigualdade entre os que têm e os que não têm.
- **Divisão Espiritual/Cultural**: desconexão entre o indivíduo consigo próprio, que se traduz pelo frágil bem-estar das pessoas.

Para Scharmer, as pessoas e a sociedade têm pontos cegos de percepção que não as permite questionar sobre seus próprios padrões de comportamento e que as fazem continuar a produzir resultados que ninguém mais quer, gerando uma falência coletiva que continua a gerar aflições. Na perspectiva econômica, Scharmer tem defendido que a *Ego-Economia* deve dar lugar para a *Eco-Economia* e que a liderança possui importante papel para promover as verdadeiras transformações no sistema. Os pontos cegos que mantêm os indivíduos e os sistemas desconectados, segundo Scharmer, são:

- O pensamento econômico atual não alinhado com a evolução da consciência humana [...] os modelos da economia atual se baseiam em pressupostos dos séculos 18, 19 e 20.
- A falta de conexão com a nossa fonte interna de conhecimento.

Scharmer afirma que a fonte interna (*Self*) representa quem somos realmente e o futuro que queremos criar. Conectar-nos com quem somos nos permite compreender nosso passado, ao mesmo tempo em que conectamos com o futuro que quer emergir através de nós. Isso permite que indivíduos, instituições e grandes sistemas promovam uma profunda mudança, que facilita nossas intenções, inspirando a transformação coletiva.

> *De onde vêm suas ações? Podemos observar o que os líderes fazem. Também podemos observar como fazem, quais estratégias e processos implantam. Mas não podemos ver o lugar interior, a fonte*

a partir da qual as pessoas agem, quando, por exemplo, operam em seu nível mais alto possível ou, alternativamente, quando agem sem envolvimento ou compromisso (Scharmer, 2010, p. 17).

Scharmer reitera que, para adentrar o território interior da liderança, o indivíduo precisa realizar o trabalho interior de encontrar e dominar "três inimigos", que são as vozes interiores de resistência, que podem bloquear a entrada a um dos territórios mais profundos:

- **A Voz do Julgamento:** que bloqueia a passagem para a mente aberta e impede o líder de acessar a criatividade e presença, pois permanece apegado aos seus pressupostos, crenças e visões de mundo.
- **A Voz do Cinismo:** que se expressa pelos atos emocionais de distanciamento, descaso com o que é valoroso para outros. O coração aberto, que atua como um antídoto para esta voz, é caracterizado por um ato de coragem em reconhecer suas próprias vulnerabilidades.
- **A Voz do Medo**: que se manifesta como medo de perder segurança econômica, medo do ostracismo, de ser ridicularizado, não ser legitimado e o medo de morrer.

Ao compararmos o conhecimento de Patanjali com a sugestão de Scharmer sobre os "três inimigos", é totalmente possível realizar uma correlação, conforme o quadro abaixo:

Os Três Inimigos (Scharmer)	*Kleshas* (Patanjali)
Voz do Julgamento	*Avidya* (Falta de sabedoria)
	Asmita (Egotismo)
Voz do Cinismo	*Raga* (Apego, Desejo)
	Dvesha (Aversão)
Voz do Medo	*Abhinivesha* (Medo)

Fonte: Elaborado pelo autor

Então, voltamos ao que Patanjali sistematizou e como esse repertório de conhecimentos pode nos ajudar a compreender nossa maneira de pensar e agir. Taimni (2001, p. 111) explica que "a filosofia dos *Kleshas* é, assim, uma análise da causa subjacente e fundamental, da miséria e dos sofrimentos humanos, e do modo pelo qual essa causa pode ser eficazmente eliminada". Para uma melhor compreensão, será apresentado um conceito mais detalhado sobre os cinco *Kleshas* indicados por Patanjali, preservando o nome original em sânscrito e seus correspondentes em português, associando-os a um contexto da liderança e correlacionando com outros autores, quando pertinente, além de histórias que ajudarão a ilustrar.

Avidya (falta de sabedoria)

A letra "a", em sânscrito, tem o sentido de negação. Portanto, a palavra *Avidya* pode significar não saber, não verdade, não sabedoria, ignorância espiritual, desconhecimento ou ingenuidade. É considerado um "defeito" intelectual. Assim como o personagem Neo que realiza questionamentos sobre a *Matrix*, tida como uma simulação de um mundo imaginário onde as pessoas são prisioneiras e incapazes de se libertar, nós também estamos envolvidos por um véu de ilusão e condicionamento que não nos permite ver a realidade como ela é. Lembra do Calendário Cósmico? Pois é!

Para que este conceito não fique extremamente filosófico e desmedido, vou trazer para uma perspectiva usual ao contexto da vida prática. Todo ser humano tem uma visão de mundo específica e uma tendência de ver a realidade e os eventos de forma muito particular, com base nos seus próprios pressupostos modelados por crenças, valores, emoções, sentimentos e referências culturais. Na perspectiva particular de cada um, a tendência é considerar sua visão de mundo como "a visão".

Peter Senge (2002, p. 201) explica os modelos mentais como "pressupostos profundamente arraigados, generalizações, ilustrações, imagens ou histórias que influem na nossa maneira de compreender o mundo e nele agir", operando permanentemente em nossa percepção da realidade e afetando diretamente nossa vida no âmbito pessoal, profissional e em nossas relações sociais, ajudando-nos a dar sentido à realidade. Mas a "realidade" que a pessoa capta não é a "realidade real" e sim "a realidade processada pelo seu modelo mental" (Koffman, 2002, p. 250).

Portanto, os modelos mentais condicionam as nossas interpretações e ações, além de definirem como percebemos, sentimos, pensamos e interagimos com os eventos. Existe uma relação de causa e efeito entre nossos **modelos mentais → comportamentos (ações) → consequências (resultados)**. Todos nós possuímos modelos mentais e eles influenciam nossas ações. Alguns são funcionais e contribuem para nossas realizações, enquanto outros são disfuncionais e trazem algum tipo de prejuízo, quase sempre, invisível num primeiro momento.

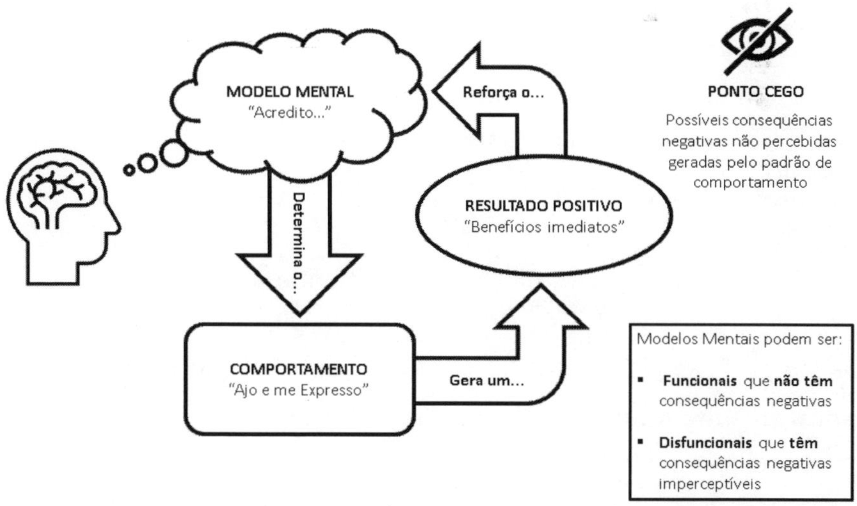

Figura 4: Estrutura sobre a relação causa e efeito entre modelo mental, comportamento e resultado.
Fonte: Elaborada pelo autor.

Imagine uma pessoa que exerce função de liderança e que tenha um modelo mental do tipo "se quer algo bem-feito, faça você mesmo". Essa pessoa, provavelmente, vai manifestar um comportamento de "fazer à sua própria maneira" e, como resultado, "as coisas sairão como deseja". Mas este modelo mental traz consigo alguns impactos negativos que estão no ponto cego da percepção desta liderança, por exemplo, **"é visto pelos outros como centralizador, não desenvolve a equipe, tem dificuldades de delegação e ficará sobrecarregado".**

Figura 5: Exemplo de modelo mental disfuncional e sua relação causa-e-efeito, com consequências negativas.
Fonte: Elaborada pelo autor.

Outro exemplo: uma mãe que acredita que o "mundo é um lugar inseguro para seu filho" (modelo mental) poderá ter um comportamento de "superproteção" (comportamento), o que lhe "trará segurança" (resultado), mas poderá acarretar dependência e dificuldades na construção da autonomia do filho (impactos negativos que estão no ponto cego da percepção). Ou ainda uma mulher que acredita que "todos os homens são iguais e infiéis" (modelo mental), baseada em más experiências amorosas do passado, "age com controle excessivo sob um novo parceiro" (comportamento), para se "sentir tranquila" (resultado), gerando conflitos e mais problemas de relacionamento (impactos negativos). Ou então uma pessoa branca que acredita que um indivíduo afrodescendente "é menos inteligente que uma pessoa de pele branca" (modelo mental), "não considerar a pessoa negra para uma promoção" (comportamento), e ganha "segurança e previsibilidade" (resultado), mas é "percebida pelos outros como esnobe, preconceituosa, injusta e pode lhe trazer problemas com a lei" (impactos negativos). Poderíamos aqui indicar inúmeros outros exemplos, mas o mais importante é percebermos nossos modelos mentais habituais, sua relação causa e efeito em relação a nossas ações e questionar sua validade.

Modelos mentais são relativos por sua própria natureza, nunca são absolutos. É fácil perceber quando somos influenciados por modelos mentais arraigados ao julgar o comportamento dos outros como errado ou inadequado. Mas, ao relativizarmos nossos próprios modelos mentais e crenças arraigadas, conquistamos um estado de liberdade que nos possibilita também considerar a verdade do outro como mais uma perspectiva de uma realidade igualmente relativa. O que é bonito, feio, adequado, certo ou errado? Quais as lentes que usamos para ver e vivenciar a realidade? Ao compreendermos que nada é absoluto não há sustentação para afirmativas desse tipo. Para ampliar nossa percepção, precisamos ser capazes de aprender a relativizar nossos próprios pressupostos, olhar os eventos em perspectivas, ter humildade, observar com atenção e ampliar nossa consciência.

Em liderança, por exemplo, o autoritarismo se apoia em crenças absolutistas e se caracteriza pela não consideração de outras perspectivas diferentes. Indivíduos autoritários querem fazer prevalecer a obediência e a submissão inquestionável à sua autoridade, agindo com tirania. Apesar de muitos considerarem sinônimos, acho conveniente distinguir a ideia de um líder autoritário de um líder autocrático, que no meu entendimento, são diferentes. A liderança autocrática é uma função, que acontece quando a tomada de decisão é centralizada no líder, sem consultar ou envolver os membros da equipe. Ele define as diretrizes, estabelece as metas e espera que a equipe siga as diretrizes. O que define a função autocrática é o contexto, como uma situação de crise ou quando decisões rápidas e unilaterais são necessárias e mais benéficas para todos. Às vezes, o líder precisa ser autocrático, com base em sua experiência, conhecimentos e discernimento. Se tem a clareza de que a sua decisão é para o benefício da comunidade, pautada em valores éticos, está usando sua autoridade para o bem comum. O autoritário distorceu a função autocrática. Ditadores como Hitler, Mussolini, Pinochet, Stalin, Castro, Chávez, Putin são alguns exemplos políticos de uma liderança tirânica que desconsideram os interesses da comunidade.

No contexto organizacional, a Revolução Industrial pode ser um bom exemplo de como um movimento pode gerar benefícios e vir acompanhado de pontos cegos. É inquestionável o extraordinário progresso, modernidade e desenvolvimento material e econômico que nos proporcionou, mas, por outro lado, esse progresso gerou inúmeros impactos negativos para o meio ambiente e para algumas comunidades. Só muito recentemente começamos a considerar temas relacionados a governança, sustentabilidade, ética e uma preocupação com os impactos ambientais nas operações produtivas. Um exemplo concreto de como *Avidya* nos desafia com a cegueira existencial que afeta a vida como um todo.

Asmita (egoísmo)

Uma pessoa submetida a falta de sabedoria e cegueira existencial tende a julgar e desqualificar a visão do outro e tornar-se egocêntrica, arbitrária, individualista e arrogante. Esses são alguns sintomas do egoísmo e fazem a pessoa se sentir superior aos outros, levando-a a agir para atender exclusivamente aos seus interesses e resultados pessoais. Quando em posição de liderança, essa pessoa pode agir de forma manipuladora, empregando sua influência para benefício próprio, para ganhar status, dinheiro ou reconhecimento social. A liderança orientada pelo egoísmo não se relaciona com base em princípios éticos, mas em pactos de vantagens pessoais, utilizando-se de meios convenientes para alcançar seus resultados.

O egoísmo pode produzir lideranças megalomaníacas, populistas e que adoram bajulação. Líderes assim, geralmente, são insensíveis em relação às necessidades das pessoas, produzindo medo, insegurança e baixo engajamento. Acabam gerando um sentimento de dependência nas equipes e têm dificuldades para permitir e promover novas ideias e autonomia para os que pensam de forma diferente. Tendem a reconhecer e beneficiam apenas os seus protegidos, que retroalimentam seu egocentrismo. É uma liderança que se torna impessoal, focada mais em coisas do que nas pessoas, pois valorizam mais os resultados do que os processos. O senso de serviço – essência da liderança – não costuma fazer parte dos modelos mentais de uma pessoa dominada pelo egoísmo.

No aspecto macro, uma liderança baseada no egoísmo foca seus esforços em gerar resultados no curto prazo, priorizando exclusivamente o tempo de sua gestão, sem dar atenção a aspectos sustentáveis de longo prazo. Tendem a buscar o lucro a qualquer preço, desenvolvendo políticas tão agressivas que, muitas vezes, forçam práticas que comprometem a qualidade, a segurança e durabilidade, gerando impactos negativos para a reputação da empresa e o bem-estar dos colaboradores, fornecedores e clientes. Costumam ter um baixo nível de empatia em relação a sentimentos, visões de mundo, experiências e necessidade dos outros.

Lideranças dominadas por *Asmita* tendem a desconsiderar os méritos dos outros, vendo-se como a única fonte de conhecimento na equipe. Podem se tornar narcisistas, preocupando-se excessivamente com sua autoimagem e a validação dos outros. O egocentrismo também motiva a liderança a usar sua posição para exercer poder e controle, resistindo à delegação de responsabilidades, ao compartilhamento de informações, a fim de manter-se no centro do poder. Esses líderes muitas vezes veem os outros como ameaças potenciais e podem tomar medidas para minar aqueles que consideram uma ameaça. Infelizmente, temos diversos exemplos de lideranças políticas e empresariais, do passado e do presente, homens ou mulheres, que são dominadas por *Asmita* e que expressam comportamentos contraditórios aos princípios do Yoga. Vou dar apenas dois exemplos para aguçar o senso crítico do leitor, encorajando a observação dos padrões de comportamento com olhos atentos para fazer suas próprias associações.

Entre 1965 e 1989, a Romênia foi governada por Nicolae Ceaușescu, um político opressivo, que desenvolveu um culto à sua personalidade promovendo uma imagem de líder infalível e carismático. Com um perfil megalomaníaco, ordenou a construção do monumental Palácio do Parlamento, em Bucareste, considerado um dos maiores e mais caros prédios administrativos do mundo, numa época em que a Romênia enfrentava severas dificuldades econômicas, com sua população sofrendo com a escassez de alimentos e suprimentos básicos. Teve um fim trágico, sendo deposto e executado.

O caso de Elizabeth Holmes – fundadora da Theranos, uma empresa de tecnologia médica –, ganhou notoriedade ao prometer revolucionar a indústria de testes laboratoriais com uma tecnologia inovadora que, supostamente, poderia realizar uma ampla gama de exames a partir de uma única gota de sangue. Holmes passou uma imagem de empreendedora visionária, conquistou apoio financeiro expressivo de investidores e levou sua empresa a ser avaliada em bilhões de dólares. Mais tarde, constatou-se que a tecnologia da empresa nunca funcionou e os resultados dos testes eram pouco confiáveis. A fraude posteriormente foi exposta, transformando-se num enorme escândalo empresarial que resultou em processos e, por fim, sua prisão.

O egotismo leva as lideranças a acreditarem que podem operar acima das regras e das consequências de suas ações, agindo em benefício próprio e negligenciando os interesses das pessoas e de outras instituições. Quando as lideranças ultrapassam os limites da ética, da responsabilidade e da transparência, isso pode ser bastante problemático para a cultura e sustentabilidade de uma organização ou governo.

Raga e *Dvesa* (apego e aversão)

Os *Kleshas* de Apego e Aversão serão apresentados conjuntamente, pois são considerados duas faces da mesma moeda. Quando a visão de mundo de uma liderança é influenciada por *Avidya* e suas ações motivadas por *Asmita*, sua vida torna-se repleta de altos e baixos. Sua busca incessante por conquistar seus desejos e objetivos para obter prazer, enquanto se esquiva ou evita situações e pessoas que lhe geram desconforto, cria uma sensação de controle que é completamente ilusória.

Raga é a tendência de se apegar a tudo o que lhe é familiar e agradável, que também surge na forma de pré-julgamentos, que afetam a qualidade de percepção do indivíduo. Assim como o apego, toda pessoa também tende a manifestar aversão a tudo aquilo que não é familiar ou se percebe como desagradável. Normalmente reagimos com aversão a situações, pessoas ou acontecimentos que nos parecem repulsivos.

Na liderança, *Raga* pode se manifestar quando os líderes estão excessivamente ligados ao sucesso externo, ao poder, ao prestígio, ao reconhecimento ou a benefícios pessoais. Isso pode levar a uma busca incessante por satisfação e gratificação pessoal, colocando o foco só nas recompensas imediatas e nos resultados tangíveis, em detrimento do bem-estar da equipe ou do cumprimento da missão da organização. Quando dominadas por *Raga*, as lideranças podem tomar decisões baseadas em interesses pessoais em vez de considerar o bem comum. Eles podem ser excessivamente competitivos, buscando apenas superar os outros e obter reconhecimento pessoal, em vez de cultivar um ambiente colaborativo e apoiar o crescimento e o desenvolvimento dos membros da equipe.

Dvesa, por outro lado, revela-se pela aversão ou repulsa em relação a certas pessoas, situações ou experiências, manifestando-se por meio do preconceito, da discriminação ou do tratamento injusto oferecido a certos indivíduos ou grupos. As lideranças dominadas por *Dvesa* podem ter uma mentalidade fechada, resistindo a diferentes perspectivas e ideias, e demonstrando preconceitos em relação a gênero, raça, religião, cultura ou outras características. Essa aversão se materializa em um ambiente de trabalho hostil, onde as lideranças acabam gerando um clima de medo, intimidação ou punição, prejudicando a confiança, a colaboração e o bem-estar da equipe.

Abhinivesha (autopreservação)

Como impulso pela autoperpetuação, esse *Klesha* se apresenta por diversos comportamentos. Por ser uma aflição relacionada ao instinto, o medo é seu ingrediente básico, que surge pelo receio de perder o que se conquistou, medo da morte, temor de não ser aceito ou reconhecido ou de não obter sucesso. Apesar de legítimos, são, de certa forma, medos infundados que acabam desagregando a pessoa e suas relações. *Abhinivesha* pode ser entendido como "pertencimento" e o desejo de ser aceito e estar dentro de um grupo, ou ainda, o desejo de estar dentro do próprio corpo. É o mais sutil dos *Kleshas*, difícil de se perceber e de superar.

No contexto da liderança, *Abhinivesha* pode se manifestar como um medo excessivo do fracasso, da mudança ou da perda de *status*, poder ou controle. Os líderes que estão presos nesse padrão de pensamento, além de sofrerem com um forte sentimento de angústia, podem manifestar comportamentos de resistência à inovação, à adaptação e à evolução necessárias para enfrentar os desafios em um ambiente em constante mudança. Essa postura pode levar a uma mentalidade de "manter as coisas como estão", evitando riscos ou decisões difíceis. Os líderes dominados por *Abhinivesha* podem ficar presos em zonas de conforto, evitar confrontar problemas difíceis ou tomar medidas necessárias para o cresci mento e o progresso. Pode levar ainda a um apego excessivo ao próprio cargo ou identidade como líder, resultando em condutas de excesso de controle e alguma dificuldade em reconhecer o potencial dos membros da equipe.

Seção 2
A Solução

CAPÍTULO 2

A urgência na transformação da mentalidade das lideranças

"A excelência de uma mentalidade é julgada pela sua sabedoria."

Lao Tzu

Iyengar esclarece que nos tornamos alienados se "conduzimos a vida baseada na falta de sabedoria, no orgulho, no apego, na aversão e no medo de perder tudo (...) é como construir uma casa na areia". Ele continua utilizando uma parábola de Jesus para explicar o sentido do *Klesha-Raiz*, a falta de sabedoria:

> *O Senhor Jesus explica isso bem (a falta de sabedoria). Ele disse que se você construir a sua casa na areia, isso vai ceder. Se você construir ela na rocha, vai ficar firme. Isso significa que a vida precisa ser erguida em uma fundação firme da realidade. Infelizmente, o que parece firme, isto é, as coisas da vida que nos oferecem segurança, riqueza, posses, crenças, privilégio e posição, não são sólidos em tudo. Que remete para quando eu disse que aprender a viver com a*

> *incerteza é a grande arte de viver. Jesus também quis dizer que, somente uma vida construída sobre valores espirituais estará baseada firmemente na verdade e vai se manter de pé até os choques da vida (Iyengar, 2007, p. 188).*

Essa alienação – causada pelos *Kleshas* – cria distrações, distorções, barreiras mentais e emocionais e perturbações na percepção e no comportamento, que, a depender de sua intensidade, podem estimular os defeitos de conduta da liderança que se materializam em ações contrárias aos princípios e às virtudes éticas e íntimas propostas pelo Yoga como caminho para a solução do problema. É como a luta entre os Kauravas e o Pandavas. Vejamos alguns exemplos.

Se a falta de sabedoria (*Avidya*) e o egoísmo (*Asmita*) estão intensamente ativos, pode ser difícil para a pessoa reconhecer a importância dos princípios éticos (*Yamas*) em sua vida, gerando uma falta de consideração pelas necessidades dos outros, sendo descortês ou adotando um padrão de comunicação agressiva ou manipuladora. O egoísmo também pode dificultar o contentamento, um dos princípios íntimos do Yoga (*Niyamas*). O desejo excessivo (*Raga*) e a aversão (*Dvesa*) podem interferir nos princípios éticos do não roubar (*Asteya*) ou a não violência (*Ahimsa*). A aversão pode ainda interferir na objetividade mental e causar relutância em aceitar a realidade como ela é.

A filósofa Anindita Balsev propõe uma interpretação interessante e moderna para os *Kleshas*, não como sinônimo de sofrimento, mas como uma manifestação emocional. Para ela, os *Kleshas* seriam uma fragilidade do indivíduo, manifesta pela intensa agitação mental e emocional, uma clara oposição à busca de poder pessoal para se apropriar do estado de *Kaivalya*, um termo sânscrito, que, no contexto do Yoga, significa "libertação" ou "estado de autonomia" (Simões, 2015, p. 58). Refere-se a um estado de lucidez, em que o indivíduo conquista a liberdade interior, transcendendo as limitações emocionais inerentes da existência. Na tradição, é considerado o mais alto objetivo espiritual do Yoga, experimentando um verdadeiro estado de conexão.

Na liderança, *Kaivalya* pode ser visto como um caminho para se libertar das limitações dos condicionamentos e dos próprios *Kleshas* e alcançar um estado de liderança autêntica, no qual a pessoa se torna perfeitamente alinhada com seus princípios e valores, se apropria de sua inteligência, que se torna mais lúcida, aguda e harmônica consigo mesmo. Isso envolve dedicar-se a desenvolver e cultivar uma mente focada, profundidade e sabedoria interior para transcender os medos e apegos que podem restringir seu desempenho ótimo. Assim, as lideranças podem se tornar mais conscientes de suas ações e os impactos gerados por elas, atuando com mais integridade, sagacidade, autenticidade, compaixão e tomando decisões que beneficiem não apenas a si mesmos, mas também suas equipes, as organizações que representam e a sociedade como um todo. Essa "liberdade interior" sugere uma leveza de espírito, que permite às lideranças enfrentarem os desafios de maneira mais equilibrada, com resiliência e equanimidade, criando um ambiente de trabalho saudável e inspirador para todos.

A solução, segundo o Yoga

> *"Acredito que se você mostrar às pessoas os problemas e depois as soluções elas se motivarão a agir."*
>
> ***Bill Gates***

Antes de seguirmos para a solução proposta pelo *Yoga*, gostaria de fazer uma consideração sobre o interesse da sociedade ocidental em relação ao tema da felicidade. É um assunto que tem raízes históricas e filosóficas profundas, a partir das ideias de filósofos gregos como Sócrates, Platão, Aristóteles, Epicuro e Epiteto. Entre eles, talvez, Aristóteles foi o que ofereceu o conceito mais amplo sobre o tema, quando desenvolveu uma ética que enfatiza a busca pela *Eudaimonia* – o estado de ser habitado por um bom *daemon*, um bom gênio – que pode ser traduzida como "florescimento" ou "realização plena", e que está intimamente ligada à felicidade. Ele argumentava que a busca de virtude e da sabedoria era fundamental para alcançar este estado de ser.

A psicologia e as pesquisas neurocientíficas têm investigado a natureza da felicidade e do bem-estar desde meados do século XX, através do pioneirismo de Abraham Maslow até os psicólogos modernos como Edward Diener (influências da personalidade no bem-estar), Martin Seligman (psicologia positiva), Mihaly Csikszentmihalyi (estado mental de fluxo), Daniel Goleman (inteligência emocional), Richard Davidson (neurociência das emoções), entre outros que se concentram no estudo das emoções e das virtudes como gratidão, compaixão, resiliência e de outros aspectos positivos da psicologia humana associados à felicidade.

Nas filosofias da Índia, encontramos o termo sânscrito *Ananda*, que significa "felicidade" ou "bem-aventurança", e descreve um estado de profunda e duradoura alegria interior, que é visto como uma experiência espiritual elevada. É testemunhado como um estado de felicidade que não depende das circunstâncias externas, mas é encontrado dentro de si mesmo.

O Yoga, como entendo, é uma metodologia educacional integrativa, organizada num conjunto de práticas ou disciplinas interdependentes que desenham um caminho progressivo na evolução do praticante, lhe exigindo constância e compromisso profundo. Por este motivo, alguns consideram o Yoga um estilo de vida. A incorporação disciplinada dessas práticas na vida cotidiana tem por objetivo levar o praticante a este estado de *Ananda*, uma felicidade autêntica e de satisfação plena com a vida.

A prática dessas disciplinas do Yoga são as soluções para a superação dos *Kleshas* (que impedem a plenitude e a felicidade). O conjunto é chamado de *Ashtanga* – método óctuplo (oito passos) – sendo organizados em:

(1) Princípios éticos/sociais (*Yama*);
(2) Princípios íntimos/pessoais (*Niyama*);
(3) Disciplinas físicas (*Asana*);
(4) Disciplinas respiratórias (*Pranayama*);
(5) Disciplinas dos sentidos (*Pratyahara*);
(6) Concentração (*Dharana*);
(7) Meditação (*Dhyana*); e
(8) Plenitude, iluminação (*Samadhi*).

Me encantei com o Yoga desde meu primeiro contato, especialmente pela proposta de uma espiritualidade construída, baseada na ação, que começa com observâncias éticas. A sabedoria do Yoga está no fato de, antes mesmo do praticante se preocupar com o seu próprio bem-estar e desenvolvimento, sua prioridade é estabelecer relações interpessoais saudáveis com a sociedade. É um gesto de elegância e etiqueta social, atrapalhar o mínimo possível os outros e o ambiente. Naturalmente que esses princípios estão relacionados com a própria pessoa, na relação íntima com seu próprio corpo, sua mente e seu comportamento.

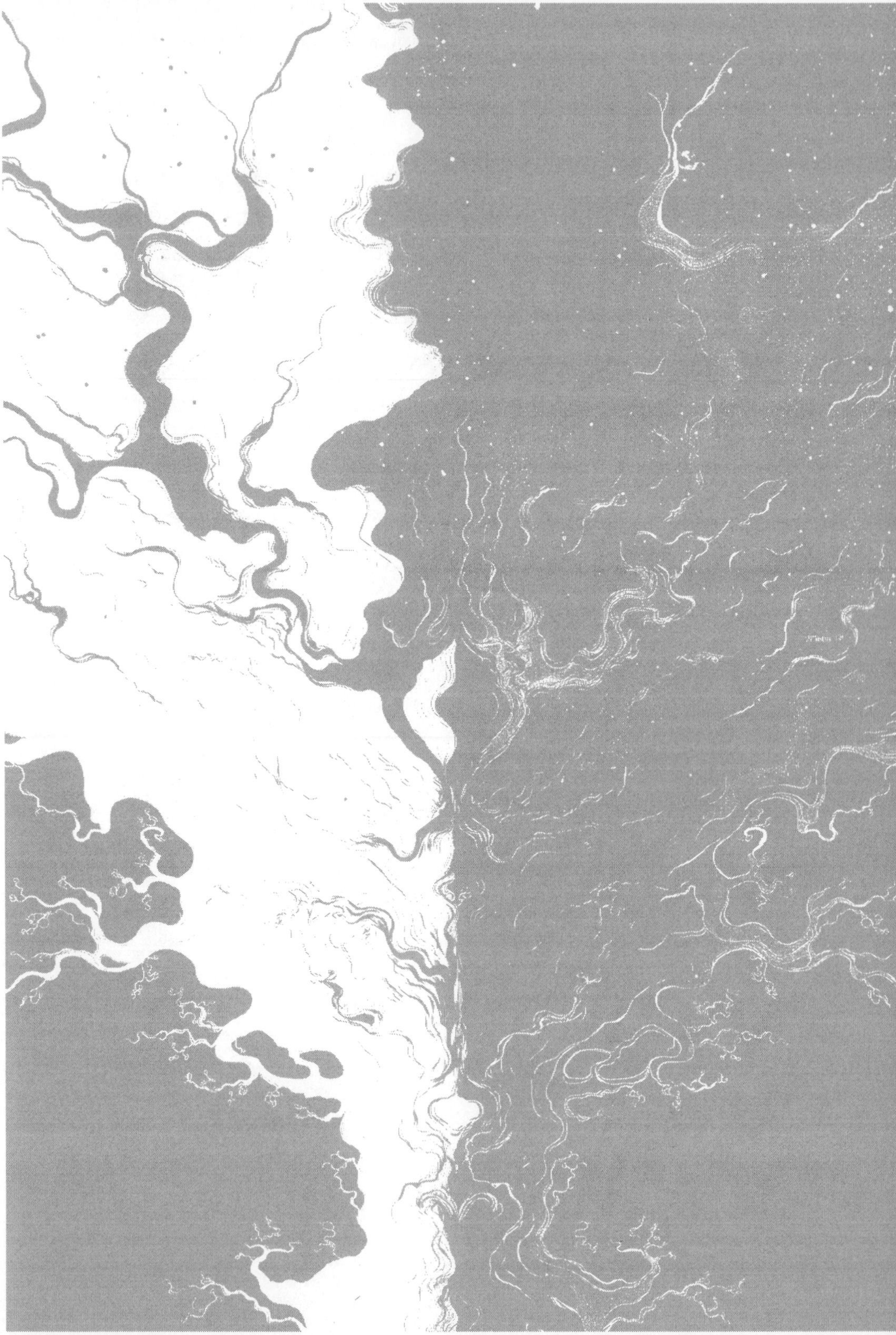

CAPÍTULO 3

Introdução aos princípios éticos/sociais

Nas tradições da Índia, há dois conceitos importantes que devemos esclarecer. O primeiro é a ideia de *Dharma*, uma palavra sânscrita que geralmente é interpretada como "dever", "lei", "ordem" ou "caminho correto". Sua origem etimológica remete à raiz sânscrita *dhr* que significa "sustentar", "manter" ou "apoiar". Por isso, *Dharma* adquire uma variedade de significados relacionados à ideia de ordem, dever, moralidade e princípios. O *Dharma* abrange os deveres, as obrigações e as responsabilidades do indivíduo em sua vida cotidiana em relação à sociedade, que pode variar de acordo com sua função ou posição na comunidade. Num contexto mais amplo, está relacionado à ideia de sustentar ou manter a ordem moral do universo, associada também aos princípios e às regras que sustentam a sociedade, o senso de moralidade entre as pessoas e comunidades, o cumprimento dos deveres e a ética social e consigo mesmo. Exemplos de *Dharma* individual podem ser o senso de dever como cidadão de cumprir as leis, de um pai ou uma mãe de educar e cuidar adequadamente de seus filhos, ou um(a) professor(a) de ensinar os seus alunos ou ainda um(a) empreendedor(a) a gerir um negócio com zelo e responsabilidade. Mas também pode incluir questões fundamentais como o mergulho do indivíduo em sua busca por autoconhecimento e aprimoramento pessoal para responder às perguntas fundamentais da vida, como "Quem sou eu?", "De onde eu vim?", "Para onde eu vou?" e "O que estou fazendo aqui?"

O segundo conceito é *Karma*, que deriva da raiz sânscrita *kri*, que significa "fazer", "agir" ou "realizar". Portanto, *Karma* está relacionado a ações, atos e atividades de um indivíduo e as suas consequências. Esse conceito enfatiza a responsabilidade pessoal pelas ações, pois todo indivíduo é responsável por suas escolhas, decisões e os resultados de suas escolhas. Mas há um detalhe importantíssimo nesta visão de mundo, em que as ações não se limitam a ações físicas, mas incluem as ações mentais e verbais, e todas elas geram consequências. Para algumas tradições, a ação mental é considerada mais importante, pois uma ação física ou verbal assume significados totalmente diferentes conforme a intenção (ação mental) que a motivou.

Vejamos um exemplo sobre ação física. Quando um cirurgião usa seu bisturi para cortar a barriga de um paciente numa cirurgia de emergência, ele tem a clara intenção de salvar aquela vida, mas, naquele dia, a cirurgia foi malsucedida e causou a morte do paciente. Enquanto isso, um assassino usa sua faca para cortar a barriga de sua vítima, com a intenção de matá-la. Fisicamente, as ações são semelhantes, com a mesma consequência, mas com intenções distintas. Enquanto o cirurgião é movido pela compaixão, o criminoso é motivado pelo ódio.

Um exemplo sobre ação verbal. Uma pessoa tem uma forte discussão com um colega no trabalho e termina chamando-o de tolo. Obviamente, sua fala é movida pela raiva. A mesma pessoa, em outra situação, ao ser foco de uma piada feita por outro colega, o chama de tolo, agora com uma postura de ironia pela brincadeira. Veja que é praticamente impossível saber qual a intenção de uma pessoa ao fazer ou falar algo. Mas, diante de intenções distintas (que são ações mentais), as consequências são compatíveis com a intenção.

Um exemplo sobre ação mental. Um gestor vê de longe seu colaborador guardando no bolso um objeto da empresa e passa a alimentar desconfianças sobre a honestidade do funcionário. A partir desse evento, o gestor passa a inferir se o colaborador é ou não é uma pessoa confiável e toda interação entre os dois fica contaminada por essa dedução. O gestor não fala nada, mas fica nutrindo suas suspeitas, escalando dentro de si um conflito potencial e sofrendo por um sentimento de raiva e impotência. Dias depois, esse gestor soube que o presidente da empresa pediu diretamente um favor àquele funcionário para que levasse aquele objeto até a sua sala. Uma ação mental pode ser tão grave quanto uma ação física, pois, se um indivíduo ficar ruminando um sentimento de raiva contra outra pessoa, quem será a pessoa violentada? Ele próprio, pois as consequências de suas ações afetarão diretamente a própria pessoa por toda a química de estresse que foi gerada em seu corpo.

Sendo assim, o *Dharma* se relaciona com os deveres e as obrigações que guiam a conduta moral, ética e social, enquanto o *Karma* é a ação e suas consequências para com os outros, para com a comunidade e consigo mesmo.

Os princípios éticos (*Yamas*) no *Yoga* cumprem a função de *Dharma*. São princípios que visam guiar a ação humana (*Karma*), orientando que as ações reguladas pelos princípios preservam e apoiam a ordem das coisas. Seu objetivo é harmonizar e fortalecer a conexão no campo das relações. Quando os *Yamas* são negligenciados pelo indivíduo, as relações, a comunidade e a própria pessoa sofrem algum tipo de prejuízo. Alguns desses princípios são intencionalmente enunciados na forma de negação, pois as tradições julgam que o primeiro passo para o crescimento moral e espiritual de um indivíduo é se comprometer a deixar de fazer coisas que prejudiquem outros seres, antes mesmo de desejar ajudá-los.

Apesar das semelhanças entre os *Yamas* e alguns dos Mandamentos judaicos/cristãos em termos éticos e morais, os *Yamas* parecem propor uma abordagem filosófica mais ampla do que os Mandamentos, ao focalizar na liberdade interna de escolher e pelo campo de atenção que também se aplica ao relacionamento com outros seres vivos e ao meio ambiente, enquanto os Mandamentos são mais orientados ao contexto religioso, numa conduta moral de acordo com as leis de Deus e na relação entre os seres humanos, Deus e as pessoas.

Ao investigarmos outras tradições religiosas e filosóficas encontraremos variações da universal "Regra de Ouro". Embora as palavras variem de uma tradição para outra, a essência da regra é geralmente a mesma: trate os outros como você gostaria de ser tratado. Isso significa agir com empatia, compaixão e respeito incondicional pelos outros, da mesma maneira que você desejaria ser tratado em situações semelhantes. Isso faz parte da sabedoria ética universal e atemporal, que transcende as barreiras culturais e religiosas. A Regra de Ouro se encaixa perfeitamente nesse contexto, pois é vista como uma diretriz moral que é válida em todas as culturas e em todas as épocas, com o objetivo de promover a compreensão, a harmonia e o respeito mútuo entre as pessoas, independentemente de suas diferenças para preservar a dignidade humana. Essa é a essência dos *Yamas* no Yoga, que abordarei a partir de agora.

Seção 3
Princípios Éticos

CAPÍTULO 4

Princípio 1
Ahimsa (não ferir)

"A pergunta mais persistente e urgente da vida é: 'O que você está fazendo pelos outros'?"

Martin Luther King

Conduzir-se na vida com o compromisso ético de que suas decisões e ações – mentais, verbais e físicas – não gerem nenhum tipo de dor, sofrimento, violência, humilhação ou desconforto a qualquer pessoa, comunidade, seres vivos e meio ambiente.

Ahimsa é comumente traduzido como não violência, não ferir ou não matar, como um princípio fundamental de preservação do *Dharma*. De forma ampla, significa guiar-se cuidadosamente de modo a evitar que qualquer conduta ou comportamento venha a gerar dor, sofrimento ou humilhação, prejuízo físico ou psicológico a alguém. Nesse sentido, a conduta do líder deve seguir o esforço consciente para evitar causar qualquer atitude que venha prejudicar os outros. É obvio que é praticamente impossível não causar sofrimentos, principalmente quando se está numa posição em que eventualmente precisa cobrar, exigir ou demitir. No entanto, a conduta habitual da liderança baseada neste princípio tende a gerar nas pessoas, a compreensão e a confiança no padrão de conduta do líder, mesmo que eventualmente, tenha que tomar decisões difíceis ou a forma como se expressou pareça agressiva aos olhos dos outros, pois a ação mental e sua intenção é a mais importante.

Um fator-chave do conceito de *Ahimsa* é a constante vigilância e atenção. Georg Feuerstein comenta que no texto Jainista *Tattvartha-Sutra* "ferir ou himsa é interromper a vida de outrem por negligência (...) que pode ser intencional ou acidental no desempenho do trabalho atribuído a uma pessoa" (2009, p. 120). Este texto recomenda as seguintes práticas no sentido de *Ahimsa*:

- Vigiar a própria fala;
- Vigiar os próprios pensamentos;
- Cuidado ao se locomover;
- Benevolência em relação a todos os seres;
- Satisfação com todos os seres;
- Compaixão com todos os seres;
- Paciência em relação àqueles que são mal orientados em seu comportamento.

Num aspecto positivo, *Ahimsa* se apresenta pela conduta pautada em gentileza, empatia, compaixão e cuidado com as pessoas, exercendo um comportamento assertivo na comunicação, pois o olho no olho e o interesse genuíno pelo outro fortalece a relação entre o líder e liderado. Mas *Ahimsa* não se limita a nossas próprias ações, envolve também a não tolerância a atos de injustiça, violência e desrespeito para com os outros. Diante de uma agressão sofrida por outrem, muitos pensariam "isso não é problema meu", mas se ao presenciar um ato de violência contra uma pessoa, estamos sendo coniventes com aquela situação. Naturalmente, se decidirmos intervir, essa intervenção deverá ser realizada com base nos princípios de *Ahimsa*.

Violência corporativa

A crise econômica de 2008 é um exemplo chocante dos estragos que a falta de princípios éticos pode gerar. Podemos até chamar de "egoísmo estrutural" e "violência institucional" os atos corporativos que ferem pessoas e instituições em grandes proporções. As consequências dessa crise foram globais, causando perdas financeiras e um intenso sofrimento emocional em milhares de pessoas e suas famílias. O colapso de várias instituições financeiras nos Estados Unidos, a intervenção do governo e o pânico nos mercados globais, geraram uma crise de confiança generalizada, forçando os governos em todo o mundo a injetarem bilhões de dólares na economia para garantir a "estabilidade" do sistema. Diante dessa situação tão dramática, ainda temos dificuldade de olhar a causa-raiz das coisas, que, nesse caso, é o egoísmo acompanhado de seu sintoma mais forte – a ganância.

Nesse cenário de caos, foi revelada a fraude bilionária de Bernie Madoff[4]. Ex-presidente da Nasdaq e filantropo respeitado, esse homem acima de qualquer suspeita foi o responsável pelo maior escândalo financeiro da história dos Estados Unidos. Por muitos anos, em segredo, Madoff operou um esquema de pirâmide financeira, atraindo novos investidores usando apenas sua influência para ganhar confiança. Mas, em dezembro de 2008, confessou para seus dois filhos que seu negócio era uma farsa, sendo acusado por vários crimes, incluindo fraude, lavagem de dinheiro, perjúrio e roubo de valores mobiliários. Em 2009, ele foi condenado a 150 anos de prisão.

A fraude de Madoff causou prejuízos estimados em US$ 65 bilhões, afetando milhares de investidores ao redor do mundo, expondo falhas no sistema de regulação financeira dos Estados Unidos, o que levou a reformas no seu sistema. A lista das vítimas de

4 *Bernie Madoff: o golpista de Wall Street*, Documentário, 2022. Netflix.

Madoff incluiu a fundação de caridade de Steven Spielberg, fundos de pensão, bancos como o HSBC e Santander, além de firmas de investimentos na Inglaterra e no Japão. Até a fundação de Elie Wiesel – vencedor do Prêmio Nobel da Paz de 1986 – perdeu U$ 15,2 milhões. Wiesel afirmou numa entrevista "nós pensamos que ele (Madoff) era Deus (...) confiamos tudo em suas mãos". Quando questionado, Madoff ameaçava dizendo "se tem todas essas perguntas, leve o seu dinheiro daqui (...) não tenho tempo para isso" ou "é uma estratégia do meu negócio... não posso dar muitos detalhes". Usava todo o seu prestígio para manipular as pessoas, fazendo um jogo psicológico que intimidava seus clientes, desencorajando-os a sair do negócio que parecia legítimo. Pessoas comuns, aposentados e pequenos investidores que confiaram as economias de uma vida inteira também perderam tudo.

O sentimento de culpa, desespero e vergonha de algumas das vítimas de Madoff levou ao menos três pessoas a cometerem suicídio. Um aristocrata e administrador de fundos francês, um britânico e, dois anos mais tarde, o filho primogênito do próprio Madoff. Em 2014, o seu filho caçula culpou o estresse do escândalo pelo retorno da doença contra a qual havia lutado em 2003. Afirmou que "a raiva contra meu pai, longe de se dissipar com o tempo, metastatizou", vindo a morrer de câncer aos 48 anos. Psiquiatras afirmaram na época que Madoff "não amava a família, mas, sim, amava que a família o amava". Considerado narcisista e sociopata, não teve escrúpulos para beneficiar poucos em detrimento de muitos. A brutalidade e os prejuízos dessa história estão enraizados no egoísmo feroz, que gerou uma verdadeira tragédia, especialmente para o próprio Madoff. Sua ganância destruiu sua família e sua própria vida.

Ahimsa na liderança – o pioneirismo de Gandhi

Notoriamente, o primeiro líder a adotar *Ahimsa* foi Mohandas Gandhi. Seu movimento denominado *Satyagraha* (*Satya* = verdade/ *Graha* = força), envolvia a resistência pacífica de desobediência civil e a não cooperação com as autoridades britânicas. Para Gandhi, *Ahimsa* e *Satya* (o segundo *Yama*) eram os fundamentos de toda a moralidade baseada na espiritualidade, o que o fez assumir um compromisso pessoal de conduzir suas decisões pautadas por tais princípios. Apesar de todo reconhecimento em torno de sua figura, Gandhi nunca declarou ser uma pessoa extraordinária e tinha noção de suas fraquezas e vulnerabilidades como ser humano. Longe de ser perfeito, em sua autobiografia (Gandhi, 1999) afirmou ter sido tímido, impulsivo e luxurioso na juventude, sentindo-se, muitas vezes, envergonhado por seus pensamentos e sentimentos. Reconheceu momentos de ira que teve com sua esposa Kasturba, quando ela se negou a lavar as latrinas na comunidade em que viviam na África do Sul. Certa vez, ele declarou: "Estou convencido das minhas próprias limitações – e esta convicção é minha força".

A autoconsciência sobre suas fraquezas criou em Gandhi uma firme disposição para se refinar como pessoa, melhorando seu autocontrole e seu comportamento geral, dia após dia. Ao reconhecer nossas limitações e humanidade básica, nos conectamos com a humildade, uma virtude essencial para qualquer líder se livrar do ego, pois todos nós somos ou nos tornamos inábeis diante de certos aspectos práticos da vida. Gandhi era um homem de ação, mas também de reflexão, pois cada ação passava pelo crivo de *Ahimsa*. Quer fosse um movimento de protesto em escala nacional ou uma decisão pessoal ligada à sua saúde, se a ação infringisse *Ahimsa*, gerando prejuízos para os outros ou para si mesmo, ele era capaz de declinar da decisão e reavaliava com base neste critério.

Foi um líder que acreditava na bondade inerente das pessoas, reconhecendo que pessoas de boa vontade estariam dispostas a trabalhar pelo bem comum e fazer sacrifícios para conquistarem a independência, melhorando suas próprias vidas e das pessoas pobres que eram exploradas. Com base nos princípios éticos, Gandhi apelou para o sentimento de honra de seus opositores e, como resultado, embora céticos de início, sempre o trataram com muita cortesia e respeito.

Exemplos de *Ahimsa* de lideranças organizacionais

Em seu primeiro ano como CEO da General Motors (GM) em 2014, Mary Barra se viu diante de um dos maiores desafios de confiança enfrentados pela empresa: um *recall* de cerca de 30 milhões de carros pelo mundo e uma visita ao Senado americano para falar sobre os acidentes e as fatalidades atribuídos à falta de segurança dos automóveis da marca. Tornou-se um exemplo notável de liderança orientada pelo princípio de *Ahimsa* ao priorizar a segurança dos consumidores e a ética corporativa em sua gestão.

Em um evento na Universidade de Stanford, Barra afirmou que "em uma crise você precisa ser proativo (...) os fatos precisam estar na mesa ou esse vazio vai ser preenchido pela desinformação" (Tankersley, 2011, s.p.). A abordagem de Barra demonstrou seu compromisso com a transparência e a segurança dos consumidores em primeiro lugar. Em vez de minimizar os problemas e esconder informações, ela reconheceu publicamente os erros da GM e se comprometeu a tomar medidas corretivas, instituindo uma comissão interna para investigar as falhas e implementar medidas para evitar futuros incidentes. Além disso, assumiu a responsabilidade pelos erros passados da GM e buscou formas de compensar as vítimas afetadas pelos automóveis com defeito. A empresa criou um fundo de compensação para indenizar consumidores afetados, demonstrando um compromisso genuíno com a justiça e o cuidado com as pessoas afetadas pela negligência da empresa.

Além de corrigir os erros do passado, Mary Barra focou em prevenir futuros problemas de segurança, liderando uma importante transformação cultural na empresa, ao estabelecer uma mentalidade de segurança, implementando processos mais rigorosos de controle de qualidade, além de uma maior ênfase na comunicação aberta, encorajando o senso de responsabilidade individual dos funcionários, visando garantir que a segurança dos veículos da GM fosse uma prioridade constante e não apenas uma resposta a uma crise.

Mary Barra não se limitou apenas à segurança dos veículos e à relação com o consumidor. Ela também se empenhou em criar um ambiente de trabalho seguro e inclusivo para os funcionários, promovendo uma cultura de diversidade e igualdade de oportunidades, estabelecendo metas ambiciosas para aumentar a representação de mulheres e minorias em cargos de liderança na empresa. Essas iniciativas demonstraram seu compromisso em criar um ambiente respeitoso e livre de discriminação, totalmente alinhados com o princípio de *Ahimsa*.

Satya Nadella, o terceiro CEO da história da Microsoft, é reconhecido por adotar uma abordagem de liderança pautada na ética, na empatia e na gratidão. Nadella é elogiado por manter uma comunicação cuidadosa com funcionários e com o público em geral, demonstrando interesse em relação aos desafios enfrentados pelas pessoas e expressando boa vontade e compromisso em ajudar a resolver problemas de maneira colaborativa. Promove o empoderamento dos colaboradores da Microsoft, dando-lhes mais autonomia e liberdade para inovar e criar.

Desde que assumiu como CEO em 2014, vem liderando o compromisso da empresa em criar um ambiente de trabalho seguro e inclusivo para todos os funcionários, patrocinando medidas para evitar a discriminação e o assédio (Forbes, 2014). Sua gestão desenvolve ativamente a cultura de diversidade e inclusão, equilibrando a representação de gênero e etnia em cargos de liderança, além de estimular programas para promover a diversidade em toda a indústria de tecnologia. Sua postura de promover um ambiente de trabalho mais inclusivo e colaborativo tem como consequência um sentimento de valorização e respeito por parte dos funcionários. Suas ações não se limitam aos negócios da Microsoft. Nadella é uma das vozes ativas sobre o desenvolvimento responsável de tecnologias, se envolvendo em debates sobre inteligência artificial, apoiando a adoção de princípios éticos para garantir que a tecnologia seja usada de maneira responsável e não prejudique as pessoas.

Satya Nadella faz parte de uma nova geração de CEOs com uma mentalidade bastante diferente. Além de seu nome Satya, que em sânscrito significa "verdade", suas características como empatia, humildade e busca constante pelo aprendizado fazem dele um verdadeiro "inovador do comportamento de um líder". Tudo isso sem perder a objetividade e o olhar para o futuro tão necessários a um executivo de tecnologia que tem afirmado que "nossa indústria não respeita a tradição, apenas a inovação".

Outro executivo que merece destaque e que exemplifica bem o princípio de *Ahimsa* é Paul Polman, CEO da Unilever entre 2009 e 2018. Polman liderou esforços notáveis para tornar a Unilever uma empresa sustentável do ponto de vista ambiental, através de metas ambiciosas, como a redução das emissões de carbono e o uso sustentável de recursos hídricos, tornando a empresa pioneira na redução dos impactos de suas operações na natureza. A Unilever se envolveu em várias iniciativas de responsabilidade social corporativa de impacto global, por meio de projetos de combate à pobreza, educação e saúde, num esforço consciente para reduzir o sofrimento humano e promover a justiça social em regiões carentes. Polman adotou um programa de longo prazo, orientado para um propósito que colocou o negócio a serviço de todas as partes interessadas: funcionários, clientes, fornecedores, comunidades, além do planeta e da próxima geração. Como resultado, além dos benefícios para os investidores, a Unilever se tornou uma das melhores empresas de bens de consumo do mundo, proporcionando dez anos de crescimento nos lucros e nos resultados.

Mesmo após deixar a Unilever, Polman continua um engajado ativista corporativo sensibilizando empresas sobre a relevância da sustentabilidade e da responsabilidade social. Tem compartilhado a crença de que os negócios devem estar a serviço da humanidade e dedica-se a provar que as empresas mais bem-sucedidas só prosperam dando mais ao mundo do que recebem e, por isso, podem lucrar ajudando a resolver os problemas do mundo – incluindo as alterações climáticas descontroladas, a desigualdade galopante e a diminuição da biodiversidade – em vez de criar esse tipo de problema. Fez parte do Painel de Alto Nível sobre Ameaças, Desafios e Mudanças do Secretário Geral da ONU que desenvolveu os Objetivos Globais para 2030 e, com sua atuação ativa e prestígio, tem estimulado outros executivos a assumirem suas responsabilidades como líderes sociais na construção de negócios mais conscientes e sustentáveis[5].

Ahimsa oferece um caminho valioso para líderes modernos que desejam exercer sua influência de maneira construtiva e responsável. Os maus e bons exemplos dos líderes destacados neste texto demonstram que é possível aplicar a *Ahimsa* em diferentes contextos, colhen-

5 Paul Polman, artigos no LinkedIn. Disponível em: https://www.linkedin.com/in/paulpolman/.

do benefícios tanto para as organizações quanto para a sociedade como um todo.

Ahimsa em relação a si mesmo

Você já parou para pensar sobre o quanto a sua própria conduta pessoal pode ser potencialmente ofensiva a si mesmo? Dados coletados em 2018 pela empresa brasileira Med-Rio, especializada em *check-up* de executivos, constataram que, numa população de 10 mil pessoas, 66% apresentaram excesso de peso, 50% colesterol alto, 65% estavam sedentários, 18% apresentaram hipertensão e 78% manifestaram sintomas de estresse elevado. Há um aumento de casos de depressão em executivos, que passou de 8% para 11% entre os anos de 2017 para 2018 (MedRio Checkup, 2024). As negligências pessoais em relação à própria saúde podem ser consideradas um tipo de autoviolência. Para a Organização Mundial da Saúde, 53% dos determinantes de doenças estão relacionados a hábitos e estilos de vida, isto é, dependem das escolhas do indivíduo.

Metas agressivas e pressão por resultados são uma realidade dentro das empresas e na vida dos executivos. Acrescidas as incertezas da economia e o acúmulo de responsabilidades – também sobre o destino dos colaboradores e de suas famílias – sobrecarrega a mente e o corpo dos executivos no topo das organizações. Este cenário, somado a um estilo de vida descuidado com a própria saúde, abre as portas para uma perigosa exposição a problemas muito graves – como AVC, infarto do miocárdio e depressão. Com a crescente presença de mulheres no alto escalão das empresas, houve aumento nos casos de infarto entre executivas. Só em 2018, um em cada três infartos foi em pessoas do sexo feminino. Como o processo de contratação de um C-Level é muito caro, os custos por doença ou morte de um executivo extrapolam os prejuízos financeiros. Há impactos brutais para o indivíduo e suas famílias, além da extinção do conhecimento tácito e crítico que deixa de estar plenamente disponível para o negócio.

Desde a década de 1990 as empresas passaram a prestar atenção a este cenário, patrocinando ações, políticas e boas práticas de saúde e qualidade de vida no trabalho, visando fomentar uma cultura de bem-estar para que seus colaboradores e executivos estejam em plena saúde para produzir mais e melhor. Empresas como Johnson & Johnson, por exemplo, desenvolveram programas que têm como propósito "fornecer um ambiente que promova escolhas mais saudáveis, para que os funcionários possam alcançar o melhor de seu corpo, mente e espírito, para que tenham o poder de estimular seu engajamento total no trabalho, em casa e em suas comunidades" (Legal, 2020). No final das contas, iniciativas como essa favorecem um aspecto de *Ahimsa* que tem como propósito apoiar sua força de trabalho a ser mais sustentável, saudável e resiliente.

Tudo é uma questão de valor e prioridade. Durante a pandemia de COVID-19, quando fomos forçados a trabalhar em *Home Office*, questionei vários amigos que estavam descuidados em relação à saúde "o que estavam fazendo com as duas horas que ganharam no dia, por não terem que se descolocar de casa para o escritório e do escritório para casa?". Lamentavelmente, a maioria das respostas foi "estou trabalhando mais".

Incorporando *Ahimsa* na liderança

Ahimsa é conduzir-se na vida de forma gentil, cuidadosa e respeitosa para com todos os stakeholders. Ao ter a clareza de que todos desejam e têm o direito à felicidade, busca-se agir com compaixão e respeito. Aqui estão algumas dicas para se incorporar *Ahimsa*:

- **Adote o compromisso de não prejudicar ninguém (e de não permitir que te prejudiquem)**: A decisão de não gerar prejuízos de qualquer natureza, seja por meio da fala e das ações, não significa passividade, mas adotar uma postura pacífica diante dos conflitos. Aliás, passividade pode ser vista como um ato de submissão e covardia, enquanto adotar a paz como caminho é saber utilizar os meios hábeis. O compromisso com *Ahimsa* é materializado também pelos limites ao mau tratamento e agressões dos outros em relação a nós ou a terceiros em situação de vulnerabilidade, utilizando a firmeza e o equilíbrio, sempre que possível.
- **Comunique-se com assertividade e gentileza**: O comportamento assertivo sugere um alto nível de transparência na linguagem com alto nível de empatia e consideração pelos outros. Para isso, devemos nos interessar genuinamente pelas preocupações e necessidades dos outros, escutando com atenção o que as pessoas têm a dizer. Lembre-se de que as palavras têm poder e nunca são em vão. Por isso, expresse suas palavras e opiniões de maneira honesta e respeitosa, evitando críticas destrutivas, julgamentos ou opiniões desagradáveis sobre as pessoas.
- **Garanta um ambiente de trabalho saudável**: Crie um ambiente onde a dignidade, o respeito e o bem-estar de todos sejam uma prioridade. Estabeleça com a equipe acordos de convivência, encoraje comportamentos que eliminem o assédio e a discriminação e promovam o acolhimento sincero em relação a diversidade e a inclusão, sem ser intolerante com os desvios. Aqui a liderança tem a oportunidade de mostrar sua autoridade, tratando os equívocos com base em *Ahimsa*, praticando a empatia ao compreender que o outro age com base em suas crenças, que são legítimas na perspectiva do indivíduo. Dê uma chance para as pessoas mudarem e aprimorarem o seu comportamento por meio da consciência, não por meio da punição. Prefira as conversas e o *feedback* franco para encorajar uma conduta respeitosa entre os membros da equipe.

- **Pratique a resolução pacífica de conflitos**: Conflitos surgem em qualquer ambiente de trabalho e não devem ser encarados como negativos ou problemáticos. A recomendação de William Ury – coautor do livro *Como Chegar ao Sim* – ainda é uma verdade perene "separe as pessoas dos problemas" e é um exemplo de *Ahimsa* na prática. Problemas devem ser resolvidos e as pessoas aperfeiçoadas, e não há melhor lugar para isso que não sejam os ambientes de relacionamento. Assegurar um ambiente de segurança psicológica fortalece a confiança para que promovam diálogos francos em que todos possam se expressar sem medo. A liderança deve adotar uma postura mediadora ou contar com o apoio de alguém experiente, para transformar o conflito em aprendizado e fortalecimento dos vínculos interpessoais.
- **Esteja consciente das consequências de suas ações e decisões**: Toda ação gera uma consequência. E ela é proporcional à qualidade da ação. Ao tomar decisões, esteja ciente das consequências para as pessoas, para a sociedade e para o meio ambiente. Escolha ações que tenham o menor impacto negativo possível. Ou ações que ofereçam o melhor impacto positivo possível.
- **Adote um pacto com a sustentabilidade**: Adote práticas de negócios sustentáveis que respeitem e não prejudiquem as pessoas e o meio ambiente. Comprometa-se com a redução de desperdício, o uso eficiente de recursos, a promoção de práticas de negócios socialmente responsáveis. Daqui para o futuro, o crescimento e o desenvolvimento de uma organização devem ser acompanhados de impactos benéficos para pessoas, sociedade e meio ambiente.
- **Cuide do seu corpo e de sua mente:** Manter um estilo de vida saudável, praticar exercícios físicos com regularidade, ter uma alimentação equilibrada e reservar momentos para desacelerar são importantes para manter a saúde. Não agrida a si mesmo ficando longas horas sem dormir, já que o sono é algo tão importante para preservar a saúde e a vitalidade.
- **Cultive o equilíbrio emocional**: Ter consciência e capacidade para manejar as próprias emoções se tornou uma das princi-

pais competências para a liderança moderna. Isso é inteligência emocional, uma das habilidades mais importantes para crescer e se destacar na vida profissional. As emoções são catalisadoras das nossas ações e em relação à violência, todos sabemos que a causa-raiz da violência é a raiva, que, se não for devidamente controlada e canalizada, pode prejudicar severamente a lucidez e a efetividade da liderança. Portanto, investir em autoconhecimento e aprender técnicas de meditação ajudará no fortalecimento dessa habilidade tão importante para garantir o domínio e a maestria pessoal.

CAPÍTULO 5

Princípio 2
Satya (verdade)

"Cuide para que suas palavras sejam melhores que o silêncio."

Provérbio Hindu

Conduzir-se na vida com o compromisso ético da transparência, honestidade, autenticidade e verdade em suas intenções, palavras e ações. Mostre o seu coração, expresse o que é, sem enganar para obter vantagens.

Assim como *Ahimsa*, *Satya* é incluída entre os princípios éticos em diversas tradições, sendo considerada um "grande voto". Esse conceito não se limita apenas a palavras, mas especialmente à sua autenticidade como pessoa, e está associado a virtudes como honestidade, integridade, sinceridade e franqueza, que contrapõem as condutas viciadas da mentira, desonestidade, falsidade, hipocrisia, entre outras. Todos sabemos que a veracidade é fundamental para se conquistar a credibilidade e confiança em qualquer tipo de relação. Por isso, *Satya* deve ser entendido de forma ampla, em que as virtudes associadas façam parte de uma conduta coerente entre os pensamentos, as palavras e os atos, que se materializam pelo compromisso pessoal em não iludir ou manipular ninguém.

Os sábios antigos alertaram que chegaria uma época em que as pessoas deixariam de respeitar a verdade e isso contribuiria para a ruína pessoal e social. Há tempos que estamos cercados por mentiras e dissimulações, desde a propaganda até a política e as relações interpessoais. Se um líder, por exemplo, gera esperanças, fazendo promessas, oferecendo vantagens ou ganhos com a intenção de conquistar a fidelidade do colaborador, mas que no final são expectativas vazias, que não podem ser cumpridas, de certa forma está deliberadamente ferindo o outro pela frustração que será gerada. Esse comportamento é contrário a *Satya*.

Nas relações interpessoais, *Satya* diz respeito também a comunicação. Todos nós possuímos um conjunto de características inatas na forma como nos comunicamos, um estilo dominante do comportamento quando interagimos com os outros. Esses estilos são descritos como: passivo, agressivo, passivo-agressivo (manipulativo) e assertivo. Cada um deles se caracteriza, essencialmente, pelo:

- nível de respeito pelo outro (empatia); e
- nível de transparência na linguagem.

O estilo agressivo tem um alto nível de transparência na linguagem, mas um baixo nível de empatia. É a pessoa que fala o que pensa, sem se preocupar com o impacto emocional que vai gerar no outro, muitas vezes acarretando algum sofrimento. Ser verdadeiro, mas desconsiderando o princípio de não ferir não é algo virtuoso.

Por outro lado, o passivo tem alto nível de empatia, mas baixo nível de transparência na linguagem. Terá dificuldades para se expressar, defender seus interesses, sustentar argumentos e lidar com conflitos. Normalmente, renuncia a seus próprios interesses para beneficiar os outros, o que também não é uma opção virtuosa, pois se sujeita a frustração e desilusão. O manipulativo, por sua vez, apresenta baixo nível de empatia e de transparência na linguagem, adotando uma postura de dissimulação e ironia para defender seus interesses, o que acaba minando a confiança interpessoal. Uma pessoa que se comporta com manipulação fere a si mesmo e aos outros, trazendo prejuízo para ambos.

Já o assertivo é o comportamento ideal, pois, além de manter um alto nível de transparência na linguagem, preserva também um alto nível de empatia pelo outro. Tem como características a sinceridade, a racionalidade, baseando sua percepção em fatos e evidências, mas com equilíbrio emocional. Na perspectiva do Yoga, o comportamento assertivo na comunicação integra, de forma equilibrada, *Ahimsa* e *Satya*.

Pois bem. Assim como em *Ahimsa*, *Satya* não deve se limitar exclusivamente às nossas ações. Diz respeito também à forma como nos posicionamos frente as inverdades, agressões, falsidades e tentativas de manipulação dos outros. Em minhas palestras, quando o tema permite, costumo fazer duas perguntas para provocar o público. A primeira questão é: "Quem aqui valoriza a verdade? Por favor, levante a mão bem alto" e 100% da plateia se levanta. Enquanto convido a todos para observarem uns aos outros, permanecendo com a mão no alto, emendo a segunda pergunta: "E quantos de vocês que estão com a mão levantada nunca contaram uma mentira?", e, com risos nervosos e ares de constrangimento, nunca vi sobrar uma única mão no ar.

Apesar de as virtudes serem inatas ao nosso ser, esse jogo diz muito sobre a natureza humana, pois nos confronta com nossas incoerências. Todos nós temos a clareza e somos bem exigentes sobre a forma como gostaríamos de ser tratados com relação à honestidade dos outros conosco; mas, quando precisamos ser honestos em relação aos outros, por que nossa honestidade passa a ser relativizada se o momento for conveniente? Em muitos contextos, parece que o relativismo moral se tornou uma prática indigesta nas relações interpessoais.

Para pessoas maduras em termos morais, o reconhecimento da veracidade como uma virtude altamente desejável, enriquecedora e necessária para as relações é motivo suficiente para levar esse princípio a sério. O psicólogo Abraham Maslow, velho conhecido por sua teoria da Hierarquia das Necessidades, também desenvolveu o conceito de Valores do Ser (Ranco; Silva, 2017), que aponta as qualidades daqueles indivíduos que manifestam um nível de maturidade elevada pela harmonia consigo mesmo e com o mundo ao seu redor. Entre esses valores, Maslow destaca:

- verdade como busca de autenticidade na vida, sendo honestas consigo mesmas e com os outros, e agindo com fidelidade aos seus próprios valores e crenças;
- beleza pela apreciação da arte, da natureza e da estética em geral;
- preocupação com a justiça social, a equidade e a moralidade;
- espontaneidade na forma de agir, com naturalidade; e
- aceitação de si mesmo e dos outros, diminuindo a crítica sobre si mesmo e sobre os outros.

Talvez a ausência desses valores explique a crise de confiança que vivemos há tempos em diversos níveis da relação humana. A fidelidade a *Satya* por parte das lideranças é fundamental para construir relacionamentos sólidos e éticos com todos os stakeholders. Mas infelizmente ainda existem vários casos em que empresas e executivos escorregaram em mentiras e comportamentos antiéticos que resultaram em enormes prejuízos.

Aprendendo com os erros dos outros

O conhecido escândalo da Enron Corporation talvez seja o caso mais emblemático de fraude corporativa. Executivos da empresa, incluindo o CEO Jeffrey Skilling, usaram práticas contábeis fraudulentas para esconder as dívidas e inflar artificialmente os lucros. Quando o esquema foi revelado em 2001, a Enron entrou em colapso, resultando na perda de bilhões de dólares para investidores e um saldo de 20 mil desempregados. A falência da empresa arrastou consigo uma das maiores firmas de auditoria e contabilidade da época, a Arthur Andersen, que, apesar de ter sido absolvida na Suprema Corte norte-americana, sua reputação foi manchada de tal forma que não conseguiu recuperar o prestígio que possuía antes do incidente.

Paradoxalmente, o seu fundador – Arthur Edward Andersen (Wikipédia, 2024a) –, que liderou a empresa até sua morte em 1947, tinha a honestidade como um princípio e foi um dedicado defensor dos altos padrões éticos no setor de contabilidade. Ele acreditava que a responsabilidade dos contadores deveria ser com os investidores e não com a gestão de seus clientes. Consta que, durante os seus primeiros anos como contador, Andersen foi assediado por um cliente, um executivo do ramo ferroviário de Chicago, para assinar alguns documentos que continham falhas de contabilidade ou, então, perderia o contrato. Andersen recusou-se a fazê-lo, foi demitido e a empresa foi à falência alguns meses depois. A cultura de uma empresa tem uma forte influência dos valores e princípios de seu(s) fundador(es). No caso da Arthur Andersen, nunca saberemos o quanto esse episódio foi uma imperícia dos auditores, uma conspiração intencional ou uma negligência com o princípio fundamental de seu fundador. Apesar de muitas organizações terem em sua declaração de valores corporativos princípios associados a *Satya*, como ética, honestidade, transparência e verdade, ainda é um enorme desafio materializar tais valores nos comportamentos cotidianos de seus líderes e funcionários.

No Brasil, temos o caso da Odebrecht, uma grande empresa de engenharia e construção fundada em 1944, que vivenciou uma crise institucional sem paralelo em sua história, admitindo o pagamento de propina para políticos e firmando o maior acordo de leniência já registrado no mundo. A ironia é que seu fundador – Norberto Odebrecht – ao longo de décadas de experiência de vida empresarial, elaborou e publicou a Tecnologia Empresarial Odebrecht (TEO), um conjunto de princípios e valores que nortearam as operações e a cultura da companhia. No entanto, o escândalo de corrupção que envolveu o alto escalão da empresa revelou uma desconexão entre os valores declarados e a conduta de alguns dos executivos, sendo o mais surpreendente a implicação do próprio neto, CEO na época. Um dos princípios da TEO era a "prevalência do interesse coletivo sobre os interesses individuais, em que as ações e decisões deveriam ser tomadas considerando o bem-estar da empresa como um todo, em vez de beneficiar apenas algumas partes" (Fundação Norberto Odebrecht, 2015, s.p.). A violação dos princípios organizacionais resultou em sérias consequências para a empresa e alguns de seus executivos, destacando o papel das lideranças na preservação (ou degradação) da cultura organizacional. A resposta da Odebrecht à crise envolveu a cooperação com as autoridades nas investigações, a adoção de medidas de fortalecimento da governança e do compliance e a busca de uma reforma interna e da imagem institucional, adotando uma nova marca e tornando a empresa um exemplo de resiliência organizacional.

O caso bizarro de Bernie Madoff, já citado neste livro, ilustra também uma violação de *Satya*, ao enganar deliberadamente clientes e familiares sobre a legitimidade dos seus negócios. Conseguiu manipular até os órgãos reguladores americanos para explorar cuidadosamente as brechas do sistema. Em 2011, em entrevista ao jornal *The New York Times*, ele afirmou que bancos e fundos que negociaram com sua empresa de consultoria de investimentos preferiram manter uma "cegueira deliberada" em relação às suas atividades criminosas. "A atitude deles de se deixarem enganar era algo do tipo: 'Se você está fazendo algo errado, não queremos saber'", disse Madoff, sem especificar a quais empresas estava se referindo.

E como mentira gera mentira, a Fairfield Greenwich Group (FGG), uma das maiores gestoras de fundos de *hedge* dos Estados Unidos na época, foi responsável por mobilizar bilhões de dólares para o fundo de investimento de Madoff, sem conhecimento dos investidores que confiavam na sua gestão. Alguns defendem a estapafúrdia ideia de que omitir não é mentir. De fato, a ganância tende a atrofiar o senso crítico das pessoas.

Até a tecnologia esteve a serviço da fraude, quando, em 2015, a gigante Volkswagen se envolveu no enorme escândalo ao instalar um software de manipulação de testes de emissões em cerca de 11 milhões de veículos a diesel em todo o mundo, visando iludir órgãos reguladores quando os carros eram submetidos a vistorias. Esse caso foi conhecido como "Dieselgate" e as consequências foram multas bilionárias, processos de acionistas contra a empresa, prisões de executivos, perda de confiança dos consumidores e danos à reputação da empresa[6].

O esporte de alto rendimento também tem seus exemplos. O norte-americano Lance Armstrong foi considerado um dos maiores atletas profissionais do mundo, por ter conquistado, sete vezes consecutivas, o tradicional *Tour de France* (Wikipédia, 2024b). Até seus 25 anos já havia ganhado duas edições, quando passou por um enorme revés ao ser diagnosticado com câncer de testículo, pulmões e cérebro. Armstrong não se rendeu à doença e, após sua recuperação, ganhou mais quatro títulos, tornando-se um exemplo de superação e apoio às vítimas da doença. Por feitos tão extraordinários, seria natural que se tornasse figura tão admirada tanto no mundo esportivo quanto para o público em geral.

Todavia, em 2005, após uma reportagem publicada num jornal francês, informando que Armstrong havia utilizado uma substância proibida, com base numa análise clínica de uma amostra de sua urina congelada que fora coletada durante a competição francesa em 1999, as acusações de *doping* começaram a surgir. Armstrong negou todas as acusações, travando uma verdadeira guerra contra a World Anti-

6 *Na Rota do Dinheiro Sujo*, Documentário, Netflix.

-Doping Agency (WADA) e o Laboratório Nacional de Detecção de Dopagem (LNDD) da França. Em 2011, quando novas acusações de *doping* foram feitas por dois de seus companheiros de equipe e colegas íntimos, a verdade foi revelada. Em 2012, a União Internacional do Ciclismo decretou a retirada dos sete títulos do atleta e ele foi banido do esporte. Naquele mesmo ano, a revista esportiva *Sports Illustrated* divulgou uma lista dos atletas mais antidesportivos do ano e o ciclista ficou na primeira posição. Ironicamente, dez anos antes, a mesma revista o havia premiado com o troféu *Fair Play* por seus valores desportivos. Após tanta pressão, em 2013, o próprio Armstrong admitiu ter usado anabolizantes. Um jornal norte-americano afirmou que o atleta teria decidido revelar publicamente o esquema após um encontro com membros da Agência Antidoping Americana, que estaria disposta a rever o banimento do ciclista caso nomes de peso relacionados ao caso fossem expostos.

Alguns bons exemplos

Há muitos bons exemplos de empresas, empresários e executivos que orientam suas ações com base neste princípio, que são conhecidos pela verdade, a transparência e a integridade em seus negócios.

O investidor Warren Buffett, um dos homens mais ricos do mundo, é muito respeitado por sua abordagem ética nos negócios. Reconhecido por sua franqueza e transparência em suas comunicações com acionistas e pelo seu compromisso com a responsabilidade corporativa, tem como critério na contratação de funcionários e promoção das lideranças a integridade. Em uma entrevista, Buffett afirmou:

> *Geralmente você procura três coisas em uma pessoa: inteligência, energia e integridade. E se ela não tem a última, nem precisa se preocupar com as duas primeiras. Eu sempre falo que todo mundo*

> *aqui tem inteligência e energia, mas a integridade depende de cada um. Você não nasceu com isso, e você não pode aprender na escola. Você decide ser desonesto, mesquinho, egoísta e todas as coisas que as pessoas não gostam em outras pessoas. É uma escolha (Gavioli, 2019, s.p.).*

Marc Benioff, cofundador e CEO da Salesforce, uma das maiores empresas de software de gestão de relacionamento com o cliente do mundo, é reconhecido por seu compromisso com o "Capitalismo Consciente" e "Negócios com Propósito", defendendo a ideia de que as empresas devem ter uma missão maior do que apenas gerar receita, e devem se envolver ativamente em questões sociais e ambientais. Seu compromisso com valores éticos, responsabilidade social e preocupação com a comunidade estabelecendo diversas ações na Salesforce, como uma forte cultura de responsabilidade social ao doar percentuais de seus produtos e engajar seus funcionários em filantropia. É um defensor da igualdade de gênero e da diversidade nas empresas, eliminando a discrepância salarial de gênero na empresa (Arbex, 2019).

Indra Nooyi foi CEO da PepsiCo por 12 anos, sendo uma das mulheres mais influentes do mundo entre 2007 e 2014. Reconhecida por seu compromisso com a diversidade e a inclusão, além de ser uma defensora de práticas de negócios sustentáveis e saudáveis, reconheceu a responsabilidade da PepsiCo em promover escolhas alimentares mais saudáveis. Ela liderou iniciativas para diversificar o portfólio de produtos da empresa, mesmo enfrentando inúmeras resistências internas, estimulando a criação de linhas de produtos mais saudáveis e nutritivos.

Tim Cook, CEO da Apple Inc., nos oferece dois bons exemplos sobre compromisso com a verdade e autenticidade. Em 2014, ele publicou um ensaio na revista *Bloomberg Businessweek*, em que compartilha abertamente sua orientação homossexual. Nesse ensaio, Cook escreveu: "Embora eu nunca tenha negado minha sexualidade, também não a reconheci publicamente, até agora. Então, deixe-me ser claro: tenho orgulho de ser gay, e considero ser gay um dos maiores presentes que Deus me deu. Ser gay me deu uma compreensão mais profunda do que significa estar em minoria e forneceu uma janela para os desafios com os quais as pessoas de outros grupos minoritários lidam todos os dias. Isso me tornou mais empático, o que me levou a uma vida mais rica. Tem sido difícil e desconfortável às vezes, mas me deu confiança para ser eu mesmo, seguir meu próprio caminho e superar adversidades e intolerâncias. Também me deu a pele de um rinoceronte, o que é útil quando você é o CEO da Apple". Essa declaração demonstrou a coragem de Cook em ser verdadeiro consigo mesmo e um exemp lo de liderança autêntica e aberta, não apenas para os funcionários da Apple, mas para pessoas em todo o mundo, estimulando um diálogo importante sobre diversidade e inclusão no mundo empresarial e na sociedade em geral.

Cook também enfrentou uma enorme crise em 2016, ao lidar com o governo dos Estados Unidos, que pressionou a Apple para desbloquear o iPhone de um terrorista envolvido no atentado de San Bernardino, na Califórnia (El País, 2016). Em vez de ceder à pressão do governo, Cook demonstrou coragem em se manter fiel aos valores da empresa, defendendo sua posição publicamente sobre a importância da privacidade dos dados pessoais de seus usuários, se recusando a contrariar seus princípios, mesmo enfrentando uma enorme pressão, críticas da opinião pública e o risco de prisão. No final, a Apple não desbloqueou o iPhone e a questão foi resolvida sem comprometer a segurança e privacidade dos dispositivos, e Cook foi reconhecido por sua liderança ética e sua firmeza na defesa dos interesses da empresa e de seus usuários.

Incorporando *Satya* na liderança

Satya é expressar um compromisso inegociável com a verdade e a transparência, elementos fundamentais para gerar a confiança na equipe. No entanto, a verdade não deveria ser fonte de sofrimento para os outros. A verdade com amor é sempre a melhor opção. Aqui estão algumas recomendações para incorporar *Satya*:

- **Mantenha uma Comunicação Transparente**: Preservar uma relação ética com os stakeholders, divulgando, quando solicitado, informações precisas e completas aos acionistas, clientes, colaboradores e sociedade, evitando ocultar problemas ou exagerar sucessos. Mesmo em situações de crise, o compromisso com *Satya* fará com que os desafios enfrentados pela liderança ou pela empresa sejam tratados com clareza, sem tentar encobri-los. Esteja disponível para fornecer informações precisas e oportunas sobre metas, desafios e decisões da empresa com sua equipe.
- **Cumpra os Compromissos**: Executivos e empresas que seguem o princípio de *Satya* cumprem seus compromissos e promessas com os stakeholders, incluindo prazos, acordos, contratos, garantias e compromissos financeiros. Se algum incidente prejudicar o cumprimento do compromisso, se antecipe em avisar a parte interessada, evitando frustrações ou perdas para a outra parte. Antecipar-se ajuda a preservar a relação de confiança. Cumpra suas promessas e não prometa o que não possa ser cumprido.
- **Admita erros**: Quando você cometer um erro, seja transparente sobre isso. Reconheça suas falhas, aprenda com elas e tome medidas para corrigi-las. Isso demonstra humildade e integridade. Peça *feedback* para sua equipe. Seus liderados são as pessoas mais preparadas para te ajudar a melhorar como líder.
- **Compromisso com a Agenda ESG**: Praticar *Satya* envolve ser verdadeiro com as intenções e ações da empresa em relação à responsabilidade social, ambiental e governança. Isso significa que

os executivos não apenas afirmam compromissos com a sustentabilidade e o impacto social, mas também implementam medidas efetivas para cumprir essas promessas. Eles não consideram a agenda ESG como um mero exercício de relações públicas, mas adotam práticas consistentes que garantam sua aplicação.

- **Transparência Financeira**: Manter registros financeiros transparentes e precisos, não se envolver em práticas contábeis enganosas ou ilegais, divulgar informações financeiras reais de forma oportuna e precisa, para que os investidores e as partes interessadas possam tomar decisões seguras.
- **Seja juiz de si**: Pratique a autorreflexão regularmente para avaliar se suas ações e decisões estão alinhadas com seus princípios. A verdade começa, antes de tudo, consigo mesmo.

CAPÍTULO 6

Princípio 3
Asteya (não apropriação)

"Prudência: E devemos sempre deixar bem claro que nenhum de nós, brasileiros, é contra o roubo. Somos apenas contra ser roubados."

Millôr Fernandes

Conduzir-se na vida com o compromisso ético de não se apropriar do que não lhe pertence, sejam coisas, ideias, criações, sentimentos, liberdade e confiança. Respeite incondicionalmente o conhecimento, a propriedade e o mérito dos outros.

A apropriação – manifestada especialmente pelo roubo ou furto – é um acontecimento complexo, imoral e ilegal, que pode conjugar dois ou mais danos a pessoas ou empresas. Apoderar-se indevidamente de bens, recursos, propriedades, criações ou qualquer coisa que tenha valor para alguém, sem o devido consentimento, é um ato que causa inúmeros impactos, sejam eles emocionais, financeiros e físicos para quem sofreu o ato, que se estendem para a comunidade, as organizações e para a sociedade em geral. Somente quem já passou pela experiência de ser usurpado sabe o quanto é desagradável; a sensação de revolta e vazio pela perda, o sentimento de injustiça, invasão, violação e insegurança que acompanha a experiência. Apesar de ser uma infração criminal em praticamente todas as sociedades do planeta, passível de punições de acordo com as leis e regulamentos locais, parece que as pessoas e o sistema judiciário têm se tornado excessivamente tolerantes com esse vício tão nocivo para a sociedade.

Na perspectiva social, a dinâmica da apropriação está intimamente associada com a educação precária e as desigualdades sociais e econômicas que levam alguns indivíduos a se sentirem forçados a praticar furtos e roubos para sobreviver. Mas na perspectiva da consciência moral e ética – que independe dos condicionantes educacionais, sociais e econômicos – temos visto um afrouxamento no senso moral individual que envolve a honestidade e o respeito pela propriedade alheia, motivando alguns indivíduos a acreditarem que se apropriar de bens de outros é um ato de esperteza, que até certo ponto é validado por filmes estrelados por galãs hollywoodianos que se dão bem cometendo delitos, sem qualquer consequência séria. Quem rouba ou furta lesa, porque viola direitos e mina a confiança na integridade das pessoas e do próprio mundo.

Na Bíblia (Êx. 20:15), o mandamento "não furtará" é uma das dez leis de Deus, que orienta que seus filhos sejam honestos uns com os outros, pois pegar qualquer coisa que não pertença a você é roubar e é contra o mandamento Dele. Na tradição judaico-cristã, roubar é um ato de injustiça e um pecado contra o outro, além de ser uma ofensa a Deus. Portanto, tem um caráter moral, ético e espiritual envolvido.

De acordo com o *Sutra Avatamsaka* (Sutra da Guirlanda de Flores), um dos textos budistas mais influentes, "roubos graves levam ao renascimento em um dos três planos inferiores da existência (...) se o renascimento for como ser humano, este se dará em condições de pobreza e atormentado pelas necessidades materiais. De modo geral, o código budista considera a apropriação uma transgressão proporcional ao bem tomado. Caso o objeto seja de valor irrisório, sua apropriação é considerada apenas um comportamento "impuro", que, na perspectiva espiritual, gera sementes cármicas" (Feuerstein, 2009, p. 168). Atos simples como não devolver o livro para o amigo, levar a toalha do hotel, pegar material de escritório, utilizar a copiadora da empresa para fins particulares ou usar equipamentos da empresa inadequadamente são exemplos de apropriação. Quem nunca?

O egoísmo (*Asmita*) é a causa-raiz deste comportamento. Na mesma linha, imagine um governo que, por má administração, atrasa o salário dos servidores, prejudicando-os com seus compromissos familiares; um empresário que, sem nenhum motivo justo, retira benefícios acordados de seus funcionários; um inquilino que atrasa o pagamento do aluguel do imóvel, sem um motivo razoável, especialmente se o proprietário precisa do dinheiro para sobreviver, prejudicando seu conforto e bem-estar; uma empresa que deliberadamente sonega impostos, que, em tese, deteriora a capacidade do Estado em financiar a saúde e educação para os cidadãos; ou ainda uma empresa que toma um serviço e impõe um prazo de pagamento exageradamente longo e abusivo, com a intenção de segurar o dinheiro por mais tempo afim de utilizá-lo em suas aplicações financeiras, acaba onerando o prestador, que eventualmente, precisará recorrer ao banco para honrar seus compromissos financeiros. Esses são alguns exemplos comuns que ilustram uma violação de *Asteya*.

Em essência, *Asteya* é o princípio ético e moral que visa promover relações justas, equitativas e honestas com os outros, que pretende contribuir para um ambiente social e pessoal mais respeitoso e confiável entre as pessoas e a sociedade. A negação do desejo de possuir e desfrutar daquilo que não lhe pertence permite o reconhecimento do esforço, da competência e do merecimento do outro em desfrutar de seus próprios bens. Temos muita clareza sobre o conceito de não roubar em relação aos bens materiais, pois é um aspecto bem óbvio deste princípio. Mas o conceito de *Asteya*, assim como os outros *Yamas*, envolve uma visão ampla e profunda sobre a não apropriação, estendido aos recursos imateriais como tempo, energia, ideias, conhecimentos, oportunidades, méritos, sentimentos e outros recursos intangíveis que venham a ter valor para alguém. Condutas que envolvem plágio, abuso de confiança, má administração e falta de zelo por aquilo que não é seu são também desvios deste princípio.

Ampliando o princípio de *Asteya*

A disparidade entre os honorários de altos executivos em relação ao salário de funcionários da operação pode ser considerada um tipo de roubo (Feuerstein, 2009, p. 168).

> *a riqueza excessiva pode ser considerada um tipo de roubo, quando adquirida por meios questionáveis. Práticas comerciais moralmente condenáveis, exigência de longas horas de trabalho em troca de baixos salários, trabalho infantil forçado ou escravo, que explora pessoas que já estão desprivilegiadas no aspecto socioeconômico. Em termos espirituais, essas práticas repugnantes são puro roubo. Se as corporações não têm consciência, os consumidores devem desenvolvê-la; caso contrário, tornam-se conspiradores moralmente responsáveis (Feuerstein, 2009, p. 171).*

Em 2023, o sentimento de insatisfação pela distância salarial entre o CEO e os trabalhadores da operação do setor automotivo foi a principal bandeira de uma greve que mobilizou milhares de trabalhadores do setor nos Estados Unidos. Lá, o salário de um CEO pode ser até trezentas e sessenta vezes mais alto quando comparado com o de um trabalhador da operação. Mas os CEOs norte-americanos não só ganham muito mais do que a sua força de trabalho, como também ganham bem mais que os seus pares em outros países desenvolvidos (McCrary-Ruiz-Esparza, 2023).

Essa disparidade financeira aliada à falta de incentivos, condições de trabalho, relacionamentos tóxicos com suas lideranças e o consequente estresse afetam a motivação para o trabalho, levando muitos trabalhadores a abusarem de seus direitos legais de licenças. De acordo com o *Bureau of Labor Statistics* dos Estados Unidos, em 2018, a taxa média anual de ausências no setor privado foi de 2,8%, enquanto para o setor público foi de 3,3%. Na Europa, as taxas médias estão entre 3% e 6% e representam um custo estimado de 2,5% do PIB por ano. No Brasil, um estudo promovido pela *Exame* em 2022 mostrou que a taxa média de absenteísmo foi de 5% no setor de serviços, enquanto no setor varejista o índice variou entre 7% e 10%. De modo geral, no Brasil, o índice de até 4% é considerado aceitável para qualquer porte e setor (IPEA, 2019).

Uma pesquisa promovida pela consultoria global Mercer sobre o impacto financeiro total de ausências de funcionários concluiu que "o custo total das ausências não previstas e prolongadas chega a 9,2% da folha de pagamento de uma empresa, que é mais de metade do que a maioria das empresas gastam em saúde". Outra pesquisa sobre ausências não programadas nas empresas concluiu que "organizações com moral baixa têm índice de ausências não programadas 35% maior do que aquelas com moral elevada. E que doenças pessoais representam apenas 35% das ausências não programadas, enquanto 65% das ausências são devidas a outros motivos como: problemas familiares (21%), necessidades pessoais (18%), mentalidade de direito (14%) e estresse (12%)" (Feuerstein, 2009, p. 170). Esses são indicadores sobre os custos anuais do absenteísmo e perda de produtividade.

> *A prática disseminada e crescente de ociosidade adulta evolve dois vícios: mentir e roubar. É evidente que o mundo das corporações tem que fazer ajustes razoáveis para criar melhores condições para levantar o moral do trabalhador. Um trabalhador alienado e explora-*

> *do não é nem feliz nem produtivo, embora isso não tenha a intenção de ser uma desculpa para o atual abuso do sistema (Feuerstein, 2009, p. 172).*

Lamentavelmente, parece que se se tornou um hábito para certas pessoas esperarem muito da vida, exigir ganhos rápidos e extraordinários, mas dispostas a entregar o mínimo ou quase nada em troca. Fenômenos modernos como o *quiet quitting* (renúncia silenciosa) passaram a ser uma opção para aqueles que deliberadamente decidem trabalhar apenas o necessário, se limitando às suas tarefas dentro da descrição do cargo, ou ainda pior, que fingem estar ocupados, em vez de pedir demissão e dar espaço a outros que estejam mais dispostos para o trabalho. Em alguns setores, a baixa disposição para o trabalho fez com que alguns armazéns na Grã-Bretanha colocassem etiquetas eletrônicas em seus trabalhadores para rastrear seus movimentos e desempenho (Feuerstein, 2009, p. 170).

O fenômeno do trabalho remoto estimulou empresas a investirem em sistemas de monitoramento para acompanhar a produtividade de seus funcionários, levantando questões éticas sobre quais seriam os limites do uso de tecnologias de monitoramento, que se tornaram comuns no mundo do trabalho. Como fica o direito à privacidade? Como fica a confiança das empresas em relação aos seus empregados? Como essa possibilidade afeta a saúde mental das pessoas no futuro? Seria isso também uma apropriação?

O que pode tornar as coisas complicadas é a relatividade em relação ao tema.

> *às vezes a jurisprudência e a moralidade pública não combinam. Um juiz pode considerar uma pessoa culpada de roubo, enquanto o júri não concorda. Ou o veredicto de um juiz do tribunal superior é derrotado pela corte suprema. Ou talvez o que é considerado roubo num país não é em outro. No século XVI, quando a Espanha ainda*

> *dominava os oceanos, as cortes de justiça da Inglaterra e da França acharam conveniente conferir uma certa legitimidade à pirataria e, em vista disso, o almirante britânico Sir Francis Drake tornou-se um herói folclórico para seus conterrâneos, incluindo a rainha Elizabeth I (Feuerstein, 2009, p. 175).*

A apropriação de direitos autorais parece ser uma prática aceitável na sociedade. Na época dos CDs, podíamos comprar jogos e filmes em bancas especializadas ou piratear música por *downloads* na internet. Grande parte das pessoas não vê nada de errado com isso, embora as empresas atingidas e a maioria dos artistas discordem disso. Poucos usuários da internet sabem que artigos, poemas, imagens e trabalhos acadêmicos encontrados na internet são geralmente protegidos por direitos autorais e que seu uso não autorizado não apenas é imoral e ilegal, mas também é crime.

> *E aqui entra a consciência coerente, que alguns indivíduos a têm, outros não. Com exceções de ladrões patológicos e cleptomaníacos, todas as pessoas podem adquirir uma consciência mais aperfeiçoada, caso não a tenham. O trabalho interior começa pelo respeito aos outros e a si mesmo. Adotamos um modo de vida moral não porque queremos ganhar o afeto de alguém (como uma criança pequena) ou evitar uma punição (como uma criança em idade escolar), mas porque não desejamos prejudicar ninguém e queremos promover o bem no mundo (Feuerstein, 2009, p. 176).*

No comentário mais antigo sobre esse princípio, roubar é definido como "a apropriação não autorizada de coisas que pertencem a uma outra pessoa" (*Yoga-Bhashya* 2.30 *apud* Feuerstein, 2009, p. 176). Não roubar é considerado exatamente o contrário, mas também é definido como não cobiçar. Para o Yoga e o Budismo, esse princípio é claramente relacionado à prescrição contra a avidez, que é considerada um dos três vícios essenciais, juntamente com a ignorância e a ira.

Experiências pessoais

Em algumas ocasiões, me deparei com situações desagradáveis ao descobrir que um artigo ou texto de minha autoria estava sendo utilizado em materiais ou sites de consultorias, sem as justas referências. A mais marcante foi uma postagem despretensiosa que fiz no LinkedIn, a partir do episódio surreal em que Will Smith esbofeteou Chris Rock na cerimônia do Oscar 2022. A postagem viralizou, com cerca de 1.400.000 impressões, 18.669 interações, 1.346 comentários e 1.998 compartilhamentos, o que para os meus padrões como um modesto influenciador foi surpreendente, e claro, motivo de satisfação. Ampliou minha conexão com muitas pessoas interessantes, que até pediram autorização para utilizar meu texto em *Podcasts* ou outras mídias, garantindo os créditos pela autoria. O mais inusitado dessa história foi descobrir dias depois que cerca de vinte pessoas postaram o meu texto em suas respectivas páginas, sem que dessem os devidos créditos como se a autoria fosse delas. Como levo a sério o "não me apropriar de coisas que não me pertencem", obviamente não fico nada feliz quando outros se apropriam de criações minhas. Aqui está a publicação:

> **O BOBO, O GUERREIRO E O SÁBIO**
>
> A noite da premiação do Oscar nos proporcionou um choque de realidade, com três personagens principais.
>
> O Bobo extrapolou os limites (do respeito, da falta de empatia, da dor alheia), insensível e motivado pela crença de que tudo pode ser motivo para uma "boa" piada, se sustenta pela alegria artificial, alimentada pelo constrangimento alheio (*bullying*?). Quem nunca teve um desses atravessando o seu caminho? Ou agiu como um?
>
> O Guerreiro, indignado, parte em defesa do que lhe é valoroso para resgatar o respeito e se opor ao que é indigno. Impôs limites. Motivado pelo que julga ser certo ou por suas dores e medos. Agiu irrefletidamente ou foi de caso pensado?

O fato é que a raiva sequestra o bom senso e motiva agressões. O desespero também. Tudo num piscar de olhos. Adequado? Certamente que não. Às vezes, é necessário, em outras, se exagerado, pode ser fatal. Quem nunca agiu como um(a) leão/leoa para defender seu território ou pessoas que se têm valor? Ou foi confrontado(a) por alguém que se sentiu violentado(a) e desrespeitado(a)?

O Sábio pondera "em seu momento de maior grandeza, tome cuidado. É nessa hora que o Diabo irá te procurar". Mas o Diabo é danado e, na verdade, não faz distinção. Está aí, disponível para todos. E ao procurar por um, encontrou dois. Para o Bobo, lhe deu a insensatez; para o Guerreiro, a cólera. Ambos erraram e sucumbiram à falta de atenção. Mas aprenderam um com o outro? Quem nunca agiu diante de uma situação limite ou de um ato de injustiça alheia com lucidez, assertividade, discernimento e equilíbrio emocional? Ou teve a felicidade de receber bons conselhos de alguém distante o suficiente para nos ajudar a escapar de nossa cegueira?

O Sábio só existe na presença da atenção, da virtude e do bem. A sabedoria é fruto do trabalho interior. Orientado pelo Sábio (interno), o Bobo se torna fonte de alegria para os outros, e o Guerreiro, o princípio da justiça.

De bobo, guerreiro e sábio, todo mundo tem um pouco. Quais desses personagens estão conduzindo sua mente e seu coração?

Mas fique atento(a)... o Diabo sempre está nos procurando. Até pelos sábios.

Por: Carlos Legal, 27/03/2022

A partir desse fato, eu quis entender melhor como as pessoas reagiriam se fossem descobertas. Comecei a interagir com elas em suas postagens, comentando de forma gentil que o texto era de minha autoria e que poderiam compartilhar o conteúdo desde que o fizessem da forma correta, a partir de minha página no LinkedIn que preserva a postagem original ou incluíssem o devido crédito em suas postagens. E as reações foram diversas. Alguns, surpreendidos pela minha abordagem, quase se desmantelaram em desculpas e constrangimento, retirando imediatamente o texto de suas páginas; outros se desculparam e incluíram os créditos, enquanto alguns poucos me ignoraram e preservaram a postagem. Dois não deram a mínima e até me bloquearam para evitar meus comentários. O mais bizarro foi um terceiro, que retirou rapidamente a postagem e me respondeu numa extensa mensagem privada que eu não tinha direito de reclamar. Tentei em vão, por mensagem, argumentar com o cidadão que seu gesto não era compatível com o que ele tentava mostrar na rede social. No final, terminamos sem que ele reconhecesse o seu erro ou fizesse um simples pedido de desculpas, o que me parece ainda mais grave. Um simples texto pode parecer algo banal e desimportante? Definitivamente não é para quem é usurpado.

Consta que na obra *Confissões*, Santo Agostinho, durante sua infância, tinha o hábito de roubar peras do pomar de um vizinho, não para saciar sua forme, mas apenas para se divertir. Ele próprio julgou seu ato como grave pecado, pois pelo dom da razão, sabia que roubar era errado. Mais do que isso, entretanto, Santo Agostinho sentia que seu pecado real foi o orgulho, a noção de que ele estava acima da lei de Deus. Olhando para esse desvio de Santo Agostinho de uma perspectiva não teológica, Feuerstein afirma que

> *o ato de roubar é um lapso no julgamento moral, que pode preparar o caminho de outras transgressões semelhantes. Os vícios se formam facilmente, mas são difíceis de quebrar (...) e o exame de si mesmo e a adoção de uma maior atenção com suas escolhas devem ser encorajados e praticados. E se não aprendermos a prestar atenção a nossos pequenos erros desde cedo, poderemos não perceber os mais graves mais tarde (Feuerstein, 2009, p. 176).*

Para viver de modo consciente num mundo inclinado a apropriação, roubo, extorsão e fraudes, devemos, em primeiro lugar, ficar plenamente conscientes de todas as nuanças do vício do roubo: o furto deliberado, o calote no pagamento de dívidas, afanar o conteúdo alheio, chegar sempre atrasado ao trabalho e desviar a atenção dos outros, por uma necessidade neurótica de ser o centro das atenções.

Aprendendo com os erros dos outros

O mundo corporativo é repleto de exemplos como apropriação indevida de marcas, patentes, segredos industriais e plágio. Naturalmente, por envolver muito dinheiro, podem se tornar litígios milionários.

Entre 2011 e 2018, a Apple e a Samsung se envolveram em uma batalha judicial milionária em diversos países. A Apple processou a Samsung alegando que a empresa sul-coreana havia violado diversas patentes de propriedade intelectual relacionadas ao design do iPhone e do iPad, sendo acusada de copiar a aparência e as funcionalidades dos seus dispositivos, incluindo a interface gráfica de usuário, a disposição dos ícones na tela, as animações de transição, o design físico do iPhone, abrangendo a forma retangular com bordas arredondadas, a tela de vidro e o botão central. O caso foi julgado em países como Estados Unidos, Alemanha, Coreia do Sul, Japão, França, Itália, Holanda e Austrália. Em alguns países, a Samsung foi condenada a pagar multas milionárias e proibida de vender alguns produtos. Em sua defesa, a Samsung argumentava que algumas das patentes da Apple não eram válidas ou que seus próprios produtos não infringiam a propriedade intelectual da Apple, sendo por isso considerada inocente em alguns países. O caso foi finalmente resolvido em 2018, quando as duas empresas concordaram em encerrar todas as ações judiciais em andamento e resolver suas diferenças fora dos tribunais. Embora os detalhes do acordo não tenham sido divulgados publicamente, acredita-se que a Samsung tenha concordado em pagar uma multa de aproximadamente US$ 500 milhões à Apple (Demetrio, 2012, s.p.).

Este caso teve um grande impacto na indústria de tecnologia e levantou questões sobre a proteção de patentes, design e propriedade intelectual em dispositivos eletrônicos. Embora o caso não esteja diretamente relacionado ao princípio de *Asteya*, ele destaca como as empresas podem entrar em disputas complexas de propriedade intelectual, em que a alegação de apropriação indevida de ideias, patentes e propriedade intelectual desempenha um papel central, alertando sobre a importância em proteger os direitos de propriedade intelectual e de inovação por parte das empresas.

Casos de violação ética e plágio também estão presentes no jornalismo. Jayson Blair foi um jornalista norte-americano que esteve envolvido num caso de fraude no início dos anos 2000. Blair trabalhava para o *The New York Times* e, em 2003, foi acusado por uma série de plágios, falsificações e reportagens fabricadas que ele havia publicado no jornal. O escândalo envolveu dezenas de matérias nas quais Blair havia inventado citações, reportado eventos que nunca ocorreram e plagiado o trabalho de outros jornalistas, que, após a exposição, forçou o jornal a iniciar uma investigação interna, chegando a publicar um extenso relatório sobre as armações cometidas por Blair. No entanto, o estrago já estava feito ao impactar negativamente a reputação do jornal, levantando questões sobre a supervisão editorial no jornalismo. Na época, Blair, o editor-executivo e o diretor-gerente renunciaram aos seus cargos (Observatório da Imprensa, 2006, s.p.).

Outro caso de fraude no jornalismo envolveu Janet Cooke. Na década de 1980, ela trabalhava para o jornal *The Washington Post,* onde escrevia sobre um garoto chamado "Jimmy," de apenas 8 anos, viciado em heroína e que vivia nas ruas de Washington, D.C. A reportagem, intitulada "*Jimmy's World*" ganhou o Prêmio Pulitzer de Reportagem em 1981. No entanto, logo após receber o prêmio, surgiram dúvidas sobre a veracidade da história, e o editor do jornal iniciou uma investigação interna. Após muita pressão, Janet Cooke admitiu que a história era completamente fabricada, admitindo que "Jimmy" não existia e a história era uma invenção. Esse escândalo abalou a reputação do jornal e do jornalismo em geral, e Janet Cooke devolveu o Pulitzer – sendo a primeira jornalista a fazê-lo –, pediu demissão e abandonou o jornalismo. Em uma entrevista em 1982, Cooke afirmou que o ambiente de alta pressão do jornal corrompeu seu julgamento, que acabou criando a história para satisfazer seus editores (Silva, 1996). Um exemplo não só de apropriação, mas também de mentira.

Incorporando *Asteya* na liderança

Asteya é o ato de não desejar nem se apropriar de absolutamente nada que não seja seu. É o respeito incondicional pelos bens e conquistas dos outros, valorizando e reconhecendo suas realizações. Algumas dicas para incorporar *Asteya* que extrapolam aspectos materiais:

- **Não se apropriar do tempo:** Pode parecer um tanto óbvio, mas isso significa não ocupar desnecessariamente o tempo dos outros. Respeitar os compromissos e os horários, cumprir prazos e não desperdiçar o tempo das pessoas com assuntos desnecessários, banais e inúteis.
- **Não se apropriar da energia:** Evite drenar a energia das pessoas através de atitudes negativas, reclamações constantes ou exigências excessivas. Em vez disso, contribua para garantir um ambiente positivo, alegre e produtivo, onde a energia seja gerada e canalizada para realizações construtivas.
- **Não se apropriar da confiança:** A confiança é um recurso precioso nas relações interpessoais. Não traia a confiança dos outros através de mentiras, fofocas e fingimentos para atender aos seus próprios interesses.
- **Não se apropriar de conhecimentos:** Respeite as ideias, os direitos autorais e a propriedade intelectual e moral, dando crédito apropriado a quem criou ou desenvolveu um conhecimento, uma ideia, produtos ou soluções.
- **Pratique a generosidade:** Em vez de se apropriar, pratique a generosidade com sua equipe. Ofereça ajuda, apoio e recursos sempre que puder e compartilhe o que tem, especialmente conhecimentos, em vez de acumular de maneira egoísta.

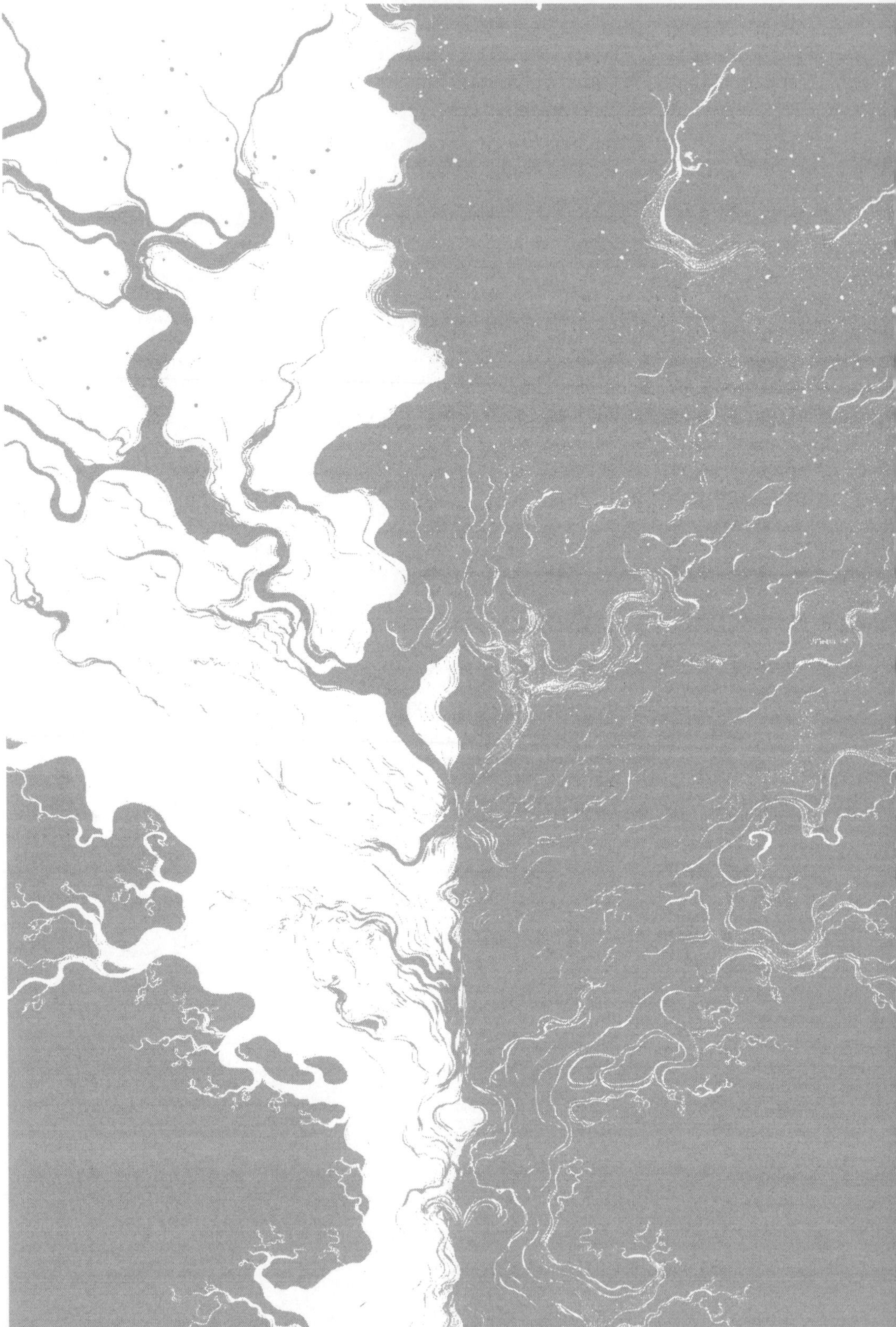

CAPÍTULO 7

Princípio 4 *Brahmacharya* (autocontrole)

"É quase impossível conciliar as exigências do instinto sexual com as da civilização."

Sigmund Freud

Estabelecer-se na vida com temperança, para garantir energia, vigor, potência e valor. Assumir o compromisso ético de não usar a sensualidade para influenciar e deixar-se influenciar, tendo zelo pelo próprio corpo e pelo corpo alheio, sem sucumbir ou usar o poder sexual e sensual para assediar, manipular, coagir ou iludir os outros.

Em nossa sociedade ocidental – especialmente nos países latinos – o culto à sensualidade se tornou padrão nas mídias e, mais recentemente, também nas redes sociais. Nos negócios, a publicidade sempre explorou muito bem esse recurso para influenciar o consumo, especialmente de produtos que teriam dificuldades de se estabelecer, caso a verdade prevalecesse. É o caso de cigarros e bebidas alcoólicas. Mas recentemente, as redes sociais – especialmente o Instagram – têm democratizado a volúpia, em que homens e mulheres, por meio de seus perfis, publicam fotos com o mínimo de roupa, exibindo seus corpos malhados, sempre insinuantes, limpos, cheirosos e perfeitos, despertando nos outros os mais profundos e secretos desejos (de ser ou de ter).

Retirando a ironia, é fato que nossa sociedade oferece uma abundância de estímulos sensuais que, inevitavelmente, estimulam pensamentos eróticos, sem sequer considerar os impactos sobre os riscos mentais, emocionais e comportamentais de se deixar dominar por tais estímulos. Por tal motivo, este princípio corre o risco de se tornar um dos mais impopulares da lista e mais difícil de se compreender, sem que tropecemos no moralismo puritano ou na libertinagem desvairada. *Brahmacharya* está em algum lugar entre esses dois extremos.

Em geral, a palavra sânscrita *Brahmacharya* é traduzida como "celibato", "moderação", "autodomínio do desejo sexual" ou "conduta virtuosa" e transcende todas as distinções de gênero. O termo também se refere, de modo mais específico, ao aluno da tradição oral dos vedas, que, como um aprendiz de sacerdote, é orientado pelo ideal da castidade, assim como os padres católicos são celibatários (Feuerstein, 2009, p. 180). Nas tradições é muito claro o propósito dessa prática, onde o aspirante espiritual era solicitado a manter-se casto com o objetivo de preservar, cultivar e ampliar o grande poder da energia sexual e usá-la para sua elevação espiritual. No entanto, fora do contexto espiritual, *Brahmacharya* pode estar associado à educação de jovens durante a puberdade, para ajudá-los a compreender e canalizar adequadamente a intensa energia sexual a favor do seu crescimento e desenvolvimento pessoal em todas as suas dimensões (física, mental, emocional, intelectual, social e espiritual). Segundo Iyengar, "se uma criança se entregasse à atividade sexual tão logo estivesse biologicamente madura, uma grande parte de seu potencial humano seria desperdiçado" (2021, p. 198).

Este é um raciocínio contrário à erotização cada vez mais precoce das crianças e dos adolescentes que são expostos a estímulos sensuais sem a devida maturidade psíquica, intelectual e física compatíveis com a sua idade que, segundo a psicologia, podem impactar na construção das emoções, produzir traumas, violências e uma visão distorcida e banalizada sobre a sexualidade, levando à vulgarização do corpo e das relações humanas na fase adulta. Há um movimento interessante, especialmente entre as mulheres evangélicas, na valorização do resguardo de seus corpos, motivadas pela crença de que o corpo é "um instrumento de Deus" e que não deveríamos insultá-lo. Buscam, com isso, estabelecer uma conduta discreta e apropriada em relação ao próprio corpo, pois, ao reconhecer seu aspecto sagrado, um templo do espírito, o corpo seria um empréstimo de Deus.

Para o Yoga, a energia sexual é a expressão mais básica da força vital, sendo também considerada sagrada e uma artimanha extremamente sagaz da natureza para atrair um macho e uma fêmea para perpetuar a vida. Iyengar afirma que "de modo algum deveríamos desprezar e banalizar a energia sexual" (2021, p. 191). Muito pelo contrário, precisamos respeitá-la e estimá-la, pois aquele que é negligente com ela está, de fato, depreciando suas próprias origens.

> *Evidentemente há um aspecto moral para o comportamento sexual, mas as diferenças culturais permitem comportamentos sexuais vastamente diferenciados. Algumas culturas permitem que o homem se case com uma mulher; algumas que se case com três; outras com muitas. Em partes dos Himalayas, uma mulher pode ter vários cônjuges. Frequentemente o que chamamos de imoralidade sexual causa menos ofensa ao código de* Brahmacharya *do que a outras injunções de* Yama*. Imagine o caso de um cônjuge que cometa adultério com outra pessoa casada e que minta a respeito quando dele se suspeita. Não cometeu ofensa, pelo sofrimento que causou, contra* Ahimsa*? Por sua mentira, contra* Satya*? Ao tomar o cônjuge de outro, contra* Asteya*? Por sua ganância, contra* Aparigraha*? A peque-*

> *na infração sexual, em si, encolhe em comparação. A continência ou controle [da energia sexual] de nenhum modo contrariam ou contradizem o desfrute do prazer. Seguramente o reforçam. É quando o prazer carnal é o único fator motivador, que* Brahmacharya *é infringido (Iyengar, 2021, p. 191).*

Para Sigmund Freud, a força vital [libido] refere-se à potência realizadora que se expressa de várias maneiras. Ela está em nossa paixão por um propósito, na forte motivação quando queremos aprender algo novo, na disciplina e persistência para realizar um objetivo. A libido desempenha um papel fundamental para a criatividade, reconhecida por artistas, escritores, músicos e inovadores, que associam sua energia criativa a uma excitação, que, canalizada, se transforma em obras de arte, invenções ou contribuições significativas para a sociedade. É responsável também pela formação dos relacionamentos e conexões sociais, pois estimula a paixão, a intimidade, o afeto, o amor e a conexão entre as pessoas. E quando a libido se mantém em equilíbrio, é fonte de saúde, vitalidade, alegria e satisfação com a vida. Se distorcida, pode levar a conflitos, compulsões e problemas emocionais. Por isso, os adeptos do Yoga sempre valorizaram a ideia de aprender a administrar e a controlar a força vital para ter energia disponível para realizar objetivos além da procriação.

Quando desejamos conquistar alguma coisa, necessitamos de esforço inteligente, estudo e motivação, e isso depende do tesão, da vitalidade. A falta de consciência e de educação sexual durante a juventude pode contribuir para o desperdício dessa fonte preciosa de energia que, na fase adulta, pode trazer dificuldades para o indivíduo, conduzindo-o a distrações, preguiça, melancolia e até depressão. Mas quando a energia é canalizada por meio da disciplina, nossa mente se torna forte o suficiente para resistir às distrações que a erotização provoca, focando automaticamente em pensamentos mais produtivos, elevados e de realização.

Sexo e poder

Na natureza, a hierarquia social e a posição de liderança geralmente conferem privilégios sexuais aos indivíduos. Machos dominantes possuem a prerrogativa de escolher suas parceiras, além do direito de acasalar com mais de uma. É assim com os leões, os gorilas, os babuínos e outros primatas. É claro que, pelo menos na natureza, esse fenômeno desempenha um papel importante na reprodução, melhoria genética e na estrutura social daquelas espécies.

Nas comunidades humanas, o sexo sempre esteve associado ao poder. A poligamia, por exemplo, foi uma expressão desse arranjo social encontrado em diferentes sociedades tradicionais, onde para algumas culturas, a quantidade de filhos era necessária para garantir a continuidade da linhagem, assegurar o domínio de terras, segurança e status social. Apesar do suposto privilégio, naturalmente o chefe dessas famílias teria diversas obrigações associadas, como garantir a todas as esposas igualdade em termos de sustento financeiro e atenção emocional.

Com o tempo, passaram a prevalecer outras regras para preservar a estabilidade social, entre elas a monogamia, que passou a ser uma escolha voluntária, historicamente imposta por algumas religiões. Entretanto, para a ciência, pela perspectiva biológica a monogamia não seria um comportamento natural para a maior parte dos mamíferos (incluindo nós humanos), mas quando analisamos pela perspectiva racional/social, o ser humano deveria ser capaz de dominar os seus instintos e escolher sua conduta sexual. Esse é um conflito e tanto para alguns indivíduos que exercem poder sobre outros.

Não podemos negar que em nossa sociedade o status e o dinheiro – dois importantes instrumentos de poder – facilitam muito as coisas em relação ao sexo. Contudo, o poder é uma força que pode moldar as relações humanas de várias maneiras, dependendo de como é usado.

Se bem empregado, é uma ferramenta extraordinária para promover o progresso, a justiça e o bem-estar coletivo. Mas quando mal utilizado, se torna uma fonte de opressão, exploração, corrupção e injustiça. E uma das formas da má utilização do poder associado ao sexo são o assédio e o abuso sexual, que recheiam os noticiários no contexto político, empresarial, educacional, esportivo e religioso.

Bill Clinton quase sofreu um *impeachment* por sua má conduta sexual. Além de mentir, manteve relações sexuais com a estagiária e, embora tenha sido absolvido pelo senado norte-americano, a vergonha e os danos para sua reputação e seu casamento com Hillary Clinton foram notórios. Donald Trump também enfrentou várias acusações de conduta sexual inadequada ao longo de sua carreira, incluindo gravações de áudio em que ele fez comentários vulgares sobre mulheres. Apesar das acusações não o terem impedido de ser eleito presidente dos Estados Unidos, geraram polêmicas significativas e uma antipatia por parte da opinião pública.

O setor de entretenimento norte-americano é repleto de casos. O produtor de cinema Harvey Weinstein, cofundador da Miramax Films e da The Weinstein Company, que produziu obras cinematográficas de imenso sucesso, foi acusado de abuso sexual por mais de oitenta mulheres e estrelas de Hollywood. O caso ganhou tanta notoriedade que desencadeou o movimento #MeToo no Estados Unidos. Em 2020, ele foi desligado de sua própria empresa, expulso da Academia de Artes e Ciências Cinematográficas, sua esposa lhe pediu o divórcio e foi condenado a 23 anos de prisão (BBC News Brasil, 2020).

A força do #MeToo encorajou várias outras mulheres a exporem seus dramas em relação à violência sexual, e o movimento contribuiu para derrubar um dos executivos mais poderosos da mídia norte-americana. Leslie Roy Moonves, CEO da CBS Corporation entre 1995 e 2018, foi acusado de assédio sexual, agressão e abuso sexual por várias mulheres. Após as denúncias virem à tona, ele renunciou ao cargo e a CBS conduziu uma investigação interna contra Moonves, concluindo que seu comportamento violou o código de conduta da empresa, fazendo-o perder uma indenização milionária que estava vinculada ao seu contrato com a CBS (CBS News, 2018).

As mulheres também podem ser agressoras sexuais. Asia Argento, uma das atrizes que denunciou Harvey Weinstein, se tornou uma espécie de embaixadora do movimento #MeToo. Ironicamente, ela passou de vítima a algoz, ao ser acusada de assediar sexualmente o seu mentorado, o jovem ator Jimmy Bennett, que na ocasião tinha 17 anos, enquanto ela, 37. Consta que o garoto havia recebido US$ 380 mil para ficar em silêncio. Apesar de Argento ter negado as acusações, após circular fotos dos dois numa cama, ela confirmou as acusações (G1, 2018).

Mas os casos mais revoltantes, repugnantes, graves e inaceitáveis de violência sexual envolvem a dinâmica de autoridade, confiança e vulnerabilidade, como os acontecidos que implicam médicos, religiosos, professores e treinadores.

O caso de Larry Nassar foi um dos mais notórios e chocantes envolvendo abuso sexual no esporte. Como médico da equipe de ginástica dos Estados Unidos e da Universidade de Michigan, ele desfrutava da total confiança das atletas – muitas delas adolescentes – e de suas famílias. Ele abusou sexualmente de centenas delas, usando a justificativa que a manipulação íntima e as massagens que realizava eram procedimentos médicos legítimos. As ginastas acreditavam que esses "tratamentos" faziam parte dos cuidados médicos necessários para tratar suas lesões esportivas, até que algumas ginastas o denunciaram. Como consequência, Nassar foi condenado a 175 anos de prisão (Alonso, 2018).

Roger Abdelmassih foi um médico brasileiro que ganhou notoriedade e desonra por seu envolvimento em escândalos sexuais. Considerado um dos maiores nomes em reprodução humana do país, ajudou muitos casais a conceberem filhos, o que lhe rendeu uma reputação de sucesso na área médica. Em 2009, o médico foi acusado de abusar sexualmente de dezenas de pacientes, durante os tratamentos de fertilidade, e no ano seguinte, condenado a 278 anos de prisão por estupro e abuso sexual de 37 pacientes (Tomaz; Machado, 2016). A condenação foi amplamente noticiada e considerada uma das maiores penas já impostas a um criminoso no Brasil.

"João de Deus" foi um conhecido médium e líder espiritual brasileiro que recebia pessoas de várias regiões do mundo em busca da cura para suas doenças. Em dezembro de 2018, investigações policiais constataram que mais de 300 mulheres foram vítimas de abuso sexual ao longo de décadas, inclusive a própria filha. As mulheres afirmaram que ele se aproveitou da sua posição de liderança espiritual e da vulnerabilidade emocional em que se encontravam tais mulheres para cometer os abusos. João de Deus foi preso e condenado a mais de 40 anos de prisão (Martins, 2022).

> *Desde o início da década de 1980, um número indeterminado de clérigos católicos, inclusive bispos, foi forçado a renunciar por causa de pesadas acusações de abuso sexual nos Estados Unidos, no Canadá, na Grã-Bretanha e na Irlanda. O Padre Bryant, um antigo diretor dos serviços clínicos para pacientes internados no St. Luke Institute, em Silver Spring, Maryland, admitiu na revista América que entre 1985 e 1995 cerca de 450 padres foram tratados por "transtornos" sexuais nesse instituto (Feuerstein, 2009, p. 182).*

Sexo no contexto organizacional

Onde há pessoas, tem sexo. A questão é a forma como isso vai acontecer. É muito natural que as pessoas se interessem umas pelas outras, se conheçam, se apaixonem e até se casem. Isso aconteceu comigo. Eu e minha esposa trabalhávamos em áreas diferentes, interagíamos muito pouco, mas numa festa de um amigo comum, nos conhecemos e começamos a sair. O namoro foi engatando, namoramos por 2 anos, nos casamos e tivemos nossa primeira filha como funcionários da empresa. Muitos outros casais e famílias foram formadas naquele ambiente. Num dado momento, a organização implementou políticas em relação a romances, proibindo casais. Alguns colegas que formaram suas famílias na empresa precisaram tomar a difícil decisão de escolher quem deveria sair. Quando isso ocorreu, não fazíamos mais parte da companhia.

Em minha opinião, há uma grande ingenuidade por parte das empresas em relação a esse tema, pois se as pessoas resolverem se envolver, quando bater a paixão, elas vão se envolver de qualquer maneira, às claras ou de forma clandestina. As relações às claras são penalizadas, mas e as clandestinas? Quantos casos, muitos deles extraconjugais, existem dentro das empresas? O sexo entre duas pessoas desimpedidas é ético e saudável, mas e quando envolve outras pessoas, maridos ou esposas traídas? De uma só vez infringe os princípios de *Brahmacharya*, *Ahimsa*, *Satya* e *Asteya*. Talvez você até pense "que exagero, é só uma aventura". Mas procure pensar de uma forma mais profunda pela perspectiva de *Satya* (da esposa ou do marido que é enganado); ou *Ahimsa* (na ferida emocional e espiritual gerada para si, para o(a) outro(a) e para os respectivos cônjuges); ou *Asteya* (no apropriar-se ou deixar-se ser apropriado dos sentimentos, confiança, energia e esperanças) e o próprio *Brahmacharya* (o desperdício de energia em sustentar uma relação secreta que não edifica, mas que alimenta sofrimentos e distrações). O que é importante é um processo de educação, pois é inútil tentar reprimir as pessoas em relação aos seus instintos e aos assuntos do coração.

O sexo e a sensualidade podem ser uma ameaça para a liderança, se houver interferência na sua capacidade de julgamento, decisão e discernimento. A sensualidade como instrumento de assédio e controle dos outros é apenas um lado da moeda. Há casos de belas jovens que utilizam de todo seu charme e sensualidade para tentar manipular seus chefes e alcançar seus objetivos profissionais. Se este chefe não souber se blindar contra essas investidas, certamente cairá numa armadilha. Certa vez, conheci um executivo que mantinha um caso secreto com uma jovem funcionária de sua equipe. Mesmo sem o devido preparo, a jovem foi galgando cargos mais expressivos, mas suas entregas ficavam aquém do esperado. Seu fraco desempenho prejudicou sua reputação, ela precisou ser demitida, o relacionamento acabou e o executivo entrou em depressão. Nenhuma relação sexual deveria gerar favorecimento, constrangimento, vergonha ou angústia. Quando o sexo é um instrumento de prazer egoísta, o sofrimento chegará.

Qualquer tipo de manipulação ou importunação sexual representa um fracasso moral. O sexo, uma expressão profunda de sentimento e intimidade entre dois seres, deveria ser uma experiência de enlevo, conexão, afeto, prazer e de crescimento entre as pessoas. *Brahmacharya* representa uma possibilidade de educação nessa área importante da vida, em que a experiência sexual seja sadia e edificante para ambos.

Incorporando *Brahmacharya* na liderança

Brahmacharya é a prática da moderação, do controle dos impulsos e da busca pela autodisciplina. Aqui estão algumas orientações para incorporar *Brahmacharya*:

- **Fortaleça o autocontrole e a disciplina:** Busque ter autocontrole em todos os aspectos da vida, não apenas na esfera sexual, mas também em relação aos desejos materiais, emoções e comportamentos impulsivos. Cultive a disciplina pessoal para agir com integridade e ética em todas as situações, com homens e mulheres.

- **Cultive relações amorosas edificantes:** Encare o sexo como uma troca. O que está disposto a dar? O que está procurando? Mesmo que não esteja numa relação estável, busque relações edificantes. Entregue seu corpo, energia, sentimentos e afetos a quem merece e poderá retribuir com sentimentos benéficos para você. Não se coloque em riscos emocionais, físicos e sociais por aventuras vazias.
- **Proteja-se contra a sedução dos outros:** Estabeleça distanciamento emocional em seus relacionamentos, mantenha o profissionalismo e não caia na armadilha da sensualidade. Mantenha o autorrespeito e não se coloque em situações de vulnerabilidade emocional para não ser vítima de manipulação.
- **Utilize o poder para servir:** O poder que um líder exerce sobre os outros vem acompanhado de um alto nível de responsabilidade. Portanto, repudie o assédio de qualquer tipo.

CAPÍTULO 8

Princípio 5 *Aparigraha* (não ganância)

"A poluição, a ganância e a estupidez são as maiores ameaças ao planeta."

Stephen Hawking

Siga na vida com o compromisso ético de não desejar possuir mais do que se precisa, em termos de bens materiais, poder e conhecimento.

O desejo é uma força inerente ao ser humano e molda nossas ações, decisões e aspirações ao longo da vida. Em um nível fundamental, o desejo é um impulso ou uma expressão das nossas necessidades e anseios, que pode ter manifestações básicas como comida, água, prazer e abrigo; ou mais complexas, como evitar experiências dolorosas, afeto, reconhecimento, socialização e realização pessoal. Alguns desejos podem ser construtivos e levar a realizações significativas, enquanto outros podem ser destrutivos e prejudiciais. A dinâmica do desejo pode envolver uma interação complexa entre os fatores biológicos, cognitivos, sociais e ambientais que afetam o indivíduo e suas interações.

Para o Vedanta, uma pessoa completamente sem desejos não existe, pois ter desejos, gostos e aversões é intrínseco da natureza humana. Mas quando temos a discriminação da verdadeira natureza do mundo, isto é, superamos a falta de sabedoria (*Avidya*), quando entendemos as limitações, a instabilidade e a impermanência do mundo, das situações e das coisas, passamos a ver os desejos de maneira diferente. A ideia não é abandoná-los, mas abandonar a ilusão de que é através dos objetos de desejo que alcançamos a felicidade. Ter, possuir e adquirir coisas – o que é necessário para vivermos com qualidade – deveria ser uma prática ponderada. Desejar não é um problema em si, mas a forma como desejamos pode ser. Para isso, penso ser necessário distinguir dois elementos do desejo – a ganância e a ambição – que são dois impulsos humanos, com diferenças sensíveis em termos de motivação, comportamento e impactos.

A ganância, ou avidez, refere-se a um desejo voraz. Ela pode ser direcionada a várias coisas, como dinheiro, poder, status, posses, comida ou qualquer outra coisa que uma pessoa possa desejar ardentemente. É muitas vezes associada a um comportamento excessivamente egoísta (*Asmita*), em que uma pessoa, para satisfazer seus interesses e conquistar seus objetivos, não leva em consideração as necessidades dos outros, podendo, até involuntariamente, gerar prejuízos e sofrimento para terceiros. O Budismo tibetano explica o condicionamento da mente por meio da roda do *Samsara* – ou roda da vida – um instrumento iconográfico chamado *Thangka* (pintura tradicional tibetana aplicada em seda e algodão, como uma mandala) que simboliza um evento ou uma condição.

Especificamente sobre a roda do *Samsara*, a leitura desta *Thangka* começa pelo centro, onde há três animais – um porco, uma cobra e um galo – que representam, respectivamente, segundo essa tradição, os três venenos mentais que contaminam a mente de maneira individual e coletiva. Respectivamente, o porco representa a ignorância e a incapacidade de discernir entre o que presta e o que não presta; a cobra simboliza a cólera (raiva fora do controle); e, por fim, o galo, a avidez. A metáfora é extraordinária, pois nasceu da observação de alguns sábios que fizeram uma associação sobre a natureza para explicar a dinâmica da mente humana. Observe uma galinha; enquanto o alimento estiver disponível, ela insaciavelmente continuará a comer. E como se neutraliza um veneno? Por meio do antídoto correto, que são as virtudes. Para a ignorância, a sabedoria; para a cólera, a compaixão; para a avidez, o contentamento e a generosidade.

Como já vimos em *Kleshas*, a ignorância (ou falta de sabedoria) é a fonte para os outros dois venenos, sendo a base para o sofrimento e todas as obstruções à realização pessoal. Portanto, a ganância é caracterizada por um desejo incessante por mais, mesmo quando já se tem o suficiente para viver. O problema é que a ganância leva a outros vícios, como comportamentos antiéticos, exploração dos outros, corrupção, ansiedade e acentuação da desigualdade.

A ambição, por outro lado, é o desejo de alcançar metas e objetivos pessoais e profissionais. Pode incluir dinheiro, poder, status e posses. Contudo, a diferença é que na ambição não há voracidade, mas um desejo equilibrado, que se torna uma força positiva, incentivando a pessoa a ter disciplina, perseverança e iniciativa para buscar melhorias em sua vida. A diferença fundamental entre ganância e ambição está na ética e na maneira como esses impulsos são canalizados e equilibrados. O maior risco para a ambição é ela se transformar em ganância, justamente quando os elementos éticos são desprezados.

Aparigraha significa justamente se livrar do desejo de possuir mais que o necessário, rejeitar a ganância tanto pelos objetos materiais quanto imateriais, incluindo a rigidez de pensamento, o poder, o controle e a vontade por dominação. Libertar-se da ganância permite conhecer o verdadeiro significado da própria vida, tornando-se uma pessoa feliz e satisfeita não pelo "ter", mas por "ser". Quando depositamos nossa felicidade na satisfação dos nossos desejos, que são

Figura 6: Os três venenos mentais na Roda do Samsara ou Roda da Vida.
Fonte: Disponível em: https://br.pinterest.com/pin/455848793516409814/. Acesso em: abr. 2024.

limitados, condicionamos a satisfação através da aquisição deles, que são objetos não eternos, produzidos dentro do espaço-tempo.

> Aparigraha *é o aspecto mais sutil de* Yama, *e difícil de dominar. Ainda assim, tentativas repetidas precisam ser efetuadas a fim de se adquirir o conhecimento de "quem eu sou" e "para o que estou destinado" (Iyengar, 2021, p. 193).*

O problema da ganância e a ânsia pelo poder

Em 2012, Park Guen-hye se tornou a primeira presidente mulher da Coreia do Sul. Herdeira política do pai – o ex-presidente Park Chung--hee – Guen-hye era considerada uma pioneira da política sul-coreana. Com apenas 22 anos, passou a exercer o papel de primeira-dama, após sua mãe ter sido assassinada por um radical norte-coreano. Quando se tornou presidente da Coreia do Sul, Guen-hye fez muitas promessas para revitalizar o crescimento econômico do país, incluindo lutar pela regulamentação de algumas das maiores empresas do país, como a Samsung e a Hyundai. Park sempre foi próxima de Choi Soon-sil, filha de outra importante figura pública, que era o chefe da Igreja da Vida Eterna e um amigo íntimo da família do ex-presidente. Choi exerceu muita influência sobre sua amiga presidente; editando discursos presidenciais e com acesso livre a documentos confidenciais do governo. Choi foi acusada de extorsão, tráfico de influência, suborno, abuso de poder e outros crimes, envolvendo empresas como a Samsung, que foi acusada de realizar doações ilegais a fundações sem fins lucrativos controladas por Choi em troca de favores políticos. O incidente ficou conhecido como "Caso Choi Soon-sil" (BBC News Brasil, 2016).

Em dezembro de 2016, a Assembleia Nacional da Coreia do Sul votou pelo *impeachment* de Park Geun-hye, removendo-a do cargo de presidente. Em 2017, ela foi acusada de múltiplos crimes relacionados ao escândalo, incluindo suborno e abuso de poder, sendo condenada a 24 anos de prisão. Este caso comprova o poder que a influência que Choi usou como líder religiosa e amiga da família para conduzir as decisões de Park. Será que a presidente se deixou influenciar tanto por Choi por acreditar que ela detinha as chaves para sua salvação? Ou será que Park foi corrompida quando se viu com tanto poder nas mãos? (Robbins; Judge; Sobral, 2010).

Na política, o cruzamento da ganância com o poder faz nascer a horrorosa e medonha corrupção, uma doença social aparentemente incurável em muitos países. Segundo o *Transparency International*, um movimento global que tem como visão um mundo onde governos, empresas e o cotidiano das pessoas estejam livres da corrupção, "o não enfrentamento da corrupção por parte dos governos do mundo serve para agravar os seus efeitos, além de contribuir para o declínio da democracia e o fortalecimento de figuras autoritárias" (What is..., 2024) e para o movimento, os partidos políticos estão entre as instituições mais corruptas do mundo. A publicação do Índice de Percepção da Corrupção (IPC) de 2022 da *Transparency International* revelou que 124 países estagnaram nos seus níveis de corrupção, enquanto o número de países em declínio está aumentando. Tal quadro traz sérias consequências, tendo em vista que a paz mundial está deteriorando e que a corrupção é, simultaneamente, causa e resultado desse quadro. A corrupção e os conflitos armados alimentam um ao outro e ameaçam a paz duradoura. De um lado, os conflitos criam um terreno fértil para a corrupção, a instabilidade política, o aumento na pressão sobre os recursos, enquanto o enfraquecimento dos órgãos supervisores cria oportunidades para crimes como suborno e desvio de verbas (What is..., 2024).

Muitos políticos são eleitos com base em promessas de combater a corrupção, mas quando chegam ao poder, usam sua influência para promover seus próprios interesses pessoais e de seus amigos. A história de Park Geun-hye mostra que nem sempre é preciso atingir uma posição de liderança na política para exercer o poder. Choi Soon-sil obteve poder por meio de sua influência religiosa e boas relações pessoais, controlando pessoas que detinham o poder formal.

O tema do poder é uma questão central quando se fala de liderança política e empresarial. O sociólogo alemão Max Weber, cujas ideias sobre o tema são altamente influentes, desenvolveu uma tipologia do poder e da autoridade que é amplamente reconhecida e utilizada na sociologia. Ele identificou três tipos ideais de autoridade:

1. Autoridade Tradicional, que se baseia na herança cultural, sendo exercido por lideranças reconhecidas por sua posição histórica ou social, como reis, rainhas e herdeiros;
2. Autoridade Racional-Legal é baseada em regras, leis e procedimentos, sendo um tipo de autoridade típico das democracias modernas, onde o poder é exercido de acordo com leis e regulamentos, como no caso de um político eleito ou um CEO que responde pela empresa; e
3. Autoridade Carismática, que deriva do carisma e do magnetismo pessoal da liderança, sendo menos previsível, mais volátil e sutil do que os outros tipos de autoridade, por estar associado ao poder pessoal (Mundo Educação, 2024).

John Kenneth Galbraith, economista e escritor norte-americano, argumenta que o poder está intimamente ligado à riqueza e à propriedade, e que o poder econômico tende a moldar a política e a cultura, influenciando a tomada de decisões e a produção de bens e serviços (Mundo Educação, 2024). Michel Foucault, um filósofo e teórico social francês, abordou o poder de uma maneira um pouco mais ampla e complexa, argumentando que o poder não é apenas uma estrutura hierárquica exercida por instituições políticas ou econômicas, mas também é disseminado em toda a sociedade, operado por meio de mecanismos de controle, disciplina e vigilância. Ele introduz o conceito de "biopoder", que se refere ao controle sobre a vida e o corpo dos indivíduos, como visto em instituições como prisões e hospitais. Foucault ressalta que o poder não é apenas repressivo, mas também produtivo, moldando nossas identidades e nossos comportamentos (Suplicy, 2006).

O problema com o poder não é o poder, mas a ânsia e o apego por ele. Na verdade, o poder é necessário para o exercício da liderança, que não deve perder de vista que sua posição tem prazo de validade, e por isso deve fazer a escolha de servir e fazer o melhor para a comunidade que lidera, com total desapego, pelo tempo que lhe é confiado. É inverter a balança do "poder sobre" para o "poder para", incluindo todos os stakeholders, de forma equilibrada, algo que se expressa pelo comportamento não ganancioso, de não apego à posição, aos benefícios e ao poder em si.

O desastre da ganância corporativa

Os exemplos já citados em *Ahimsa, Satya* e *Asteya* também são amostras fiéis de ganância, que contrariam o princípio de *Aparigraha*. Também se manifesta na maximização dos lucros a qualquer preço pela exploração de mão de obra barata, nas agressivas negociações pelo menor preço e na recusa em repassar a inflação na renovação de um contrato de prestação de serviços. Trabalhar para obter a melhor vantagem para sua empresa não está errado, inclusive é o papel da liderança responsável e eficiente, mas não deveria ser às custas do conforto dos outros. Com o propósito de reduzir custos operacionais, algumas empresas abusam dos direitos dos trabalhadores oferecendo baixos salários, condições de trabalho precárias, jornadas de trabalho excessivas e até já usaram trabalho infantil para manter seus custos de produção baixos para maximizar seus lucros.

Esse foi o caso da Nike que, entre as décadas de 1990 e 2000, foi acusada de explorar mão de obra escrava e infantil em suas fábricas localizadas na Ásia, além de negligenciar os padrões de saúde e segurança. Isso foi um grave escândalo para uma das marcas mais prestigiadas do mundo, levando a empresa a enfrentar críticas e boicotes de consumidores e grupos de direitos humanos. A partir deste evento, a Nike implementou várias medidas para melhorar as condições de trabalho e adotou um código de conduta de fornecedores mais rigoroso, aumentando a transparência sobre suas práticas de fabricação (Exame, 2014).

A venda de produtos perigosos no segmento médico é um grave exemplo de avidez corporativa. O "Escândalo do Silicone Industrial", implicou a empresa francesa Poly Implant Prothese (PIP), que, na época, era a terceira maior fabricante mundial de implantes. Em 2010, suas próteses de silicone foram proibidas em dezenas de países; a empresa foi fechada e seu dono – Jean-Claude Mass – teve prisão decretada pela Justiça da França, após a descoberta de que elas continham silicone industrial – significativamente mais baratos, mas inadequados para cirurgias – que poderiam causar câncer e um alto risco de ruptura. O caso ganhou dimensão internacional em dezembro de 2011, quando o governo francês aconselhou que todas as 30 mil mulheres com as próteses da marca no país deveriam retirá-las, como medida preventiva (G1, 2011).

Por outro lado, são assustadores os crescentes casos de mulheres jovens e bonitas que vieram a óbito durante ou após procedimentos estéticos. Muitas delas, em busca do "corpo perfeito" – quando não se colocam em risco ao contratarem clínicas clandestinas ou médicos gananciosos e sem escrúpulos – são desencorajadas pelos próprios médicos responsáveis, que tentam dissuadi-las a não realizar mais procedimentos, para evitar os excessos. Uma pesquisa desenvolvida pela Academia Americana de Cirurgia Facial, Plástica e Reconstrutiva aponta que 56% dos cirurgiões consultados notaram um aumento no número de clientes com menos de 30 anos, indicando a tendência de procedimentos estéticos cada vez mais cedo (Lourenço, 2023). A percepção distorcida de que o corpo e a autoimagem não são bons o suficiente é uma advertência para alertar que o desejo desmedido e insensato é um vício que também viola *Aparigraha*.

A ganância corporativa também se manifesta pelo desrespeito ao meio ambiente. Em 2010, a British Petroleum (BP) enfrentou um dos maiores desastres ambientais da história quando a plataforma Deepwater Horizon explodiu no Golfo do México, resultando em um vazamento maciço de petróleo. A empresa foi criticada por cortar custos de segurança e manutenção em busca de lucros, o que levou a essa catástrofe ambiental (Wikipédia, 2024c).

Por vários anos, a Monsanto enfrentou críticas devido à venda do herbicida Roundup®, que contém o ingrediente ativo glifosato. Alegações de que o glifosato é prejudicial à saúde humana e ao meio ambiente levaram a disputas legais significativas e ao pagamento de bilhões de dólares em indenizações (Pierson, 2024). No Brasil, o rompimento de uma barragem de rejeitos de mineração na cidade de Mariana foi um dos piores desastres ambientais do país. Além das vidas perdidas, o derramamento de lama tóxica causou poluição em larga escala no meio ambiente, poluindo rios e os ecossistema, provocando prejuízos materiais e econômicos significativos na região. As lideranças falharam em tomar ações corretivas de manutenção em tempo hábil, mesmo quando os problemas na barragem foram identificados (Ministério Público do Estado De Minas Gerais, 2020). Esses infelizes exemplos ilustram que a ganância, no fim das contas, é uma grande estupidez. Na tentativa de economizar dinheiro ao conter custos em áreas vitais, o racionamento de investimentos se mostra uma ação tosca e não ética, que acarreta custos e prejuízos muito maiores do que o dinheiro que deixaram de gastar nas ações preventivas, acarretando a ruína para as marcas, vergonha para executivos, vidas perdidas e devastação ambiental.

Os bancos são grandes exemplos da ganância corporativa. No Brasil, quando se compara um rendimento de aplicação que gira em média 13% a.a. com as taxas abusivas de empréstimos, financiamentos e cartão de crédito que podem chegar a 400% a.a., concluímos que não se trata apenas de uma estratégia de negócio, mas de uma cultura miserável e desproporcionalmente injusta. O mapa da inadimplência no Brasil de 2023 indicou que 43% da sua população encontrava-se sem condições de honrar seus compromissos, e, muitas dessas dívidas, quando ajuizadas, são reduzidas a apenas 10% (Serasa, 2024). Qual a inteligência envolvida nisso? No final, fica o desgaste da imagem institucional e inúmeros outros custos para a recuperação do crédito. Outro exemplo da ganância dos bancos se materializa pelas metas extremamente elevadas, quase impossíveis de alcançar, o que acaba gerando pressão e o adoecimento da força de trabalho. Esses mesmos bancos se enquadram entre as instituições com maior risco de doenças ocupacionais no Brasil, sendo a principal causa de afastamento desses profissionais os transtornos mentais e comportamentais (estresse, depressão, síndrome do pânico) que, em 2021, corresponderam a 55% dos afastamentos (Guedes, 2023).

Essa avidez, quando combinada com o medo, pode levar os funcionários a adotarem condutas antiéticas. Foi o caso do banco norte-americano Wells Fargo, uma das 20 maiores instituições financeiras do mundo. Durante muitos anos, o WF desfrutou de uma reputação sólida e confiável, mas, em 2016, sua imagem foi severamente abalada ao virem à tona práticas fraudulentas realizadas pelos próprios funcionários, que abriam contas bancárias e emitiam cartões de crédito em nome de clientes sem o consentimento ou conhecimento deles.

O objetivo era atingir as metas de vendas e promover maiores lucros para a instituição, além de se qualificar para o programa de bônus e incentivos. Os funcionários eram pressionados a cumprir metas de vendas extremamente ambiciosas, o que levou a essa conduta antiética. Estima-se que cerca de 3,5 milhões de contas bancárias e 500.000 cartões de crédito tenham sido emitidos sem a devida autorização dos clientes, acarretando perdas financeiras para muitos deles. O banco foi multado em bilhões de dólares pelas autoridades reguladoras e concordou em pagar indenizações aos clientes afetados. Além disso, o CEO da época, John Stumpf, renunciou sob pressão, e o banco fez mudanças significativas em sua liderança e nas práticas internas para recuperar sua reputação (Reuters, 2023).

O altruísmo corporativo

O alpinista, ambientalista e filantropo Yvon Chouinard fundou, em 1973, a Patagonia Inc., uma famosa empresa de roupas e equipamentos para atividades ao ar livre, reconhecida por suas práticas altruístas e seu compromisso com a sustentabilidade, a responsabilidade social e ambiental. Um dos exemplos mais notáveis da generosidade da Patagonia foi apoiar a fundação do 1% for the Planet, um programa que engaja 6.500 membros em 111 países, que contribuem com pelo menos um por cento de sua receita anual para apoiar organizações sem fins lucrativos que trabalham para proteção de áreas selvagens, conservação da biodiversidade e educação ambiental, entre outras iniciativas. O 1% for the Planet acredita que uma empresa tem a responsabilidade de retribuir pelo uso dos recursos do nosso planeta (Fogaça, 2022).

A cultura da Patagonia, Inc. é realmente admirável. Além da abordagem sustentável na fabricação de produtos, também se esforçam para usar materiais reciclados e reduzir o impacto ambiental. Incentivam seus clientes a reciclarem roupas usadas e fornecem informações sobre como cuidar e prolongar a vida útil de seus produtos. Em 2019, foi premiada como "Earth Champion" pela ONU – uma das maiores honrarias da entidade –, se tornando um verdadeiro exemplo de generosidade, responsabilidade e produtividade organizacional. Naturalmente, essa cultura é fruto da mentalidade de seu fundador, um aventureiro e amante da natureza, que aplicou os preciosos aprendizados adquiridos em suas escaladas em seu modelo de gestão. Em seu livro *Let My People Go Surfing* (lições de um empresário rebelde), Yvon Chouinard oferece suas lições e seus insights verdadeiramente alinhados com os mais altos valores humanos, que nortearam as operações da empresa. A seguir, cinco pensamentos deste executivo extraordinário (Chouinard, 2015):

> *Percebo agora que o que estava tentando fazer era incutir as lições que já havia aprendido como indivíduo e como escalador, surfista, canoísta e pescador. Sempre tentei viver a minha vida de forma bastante simples... decidimos que o crescimento e a expansão não eram os valores fundamentais da Patagonia. Precisamos ser honestos conosco mesmos. Quanto mais cedo uma empresa tentar ser o que não é, quanto mais cedo tentar "ter tudo", mais cedo morrerá.*
>
> *Precisávamos estar cercados de amigos que pudessem vestir o que quisessem, até mesmo estar descalços. Todos precisávamos de horário flexível para surfar as ondas quando elas estavam boas, ou esquiar depois de uma grande tempestade de neve, ou ficar em casa cuidando de uma criança doente. Precisávamos confundir a distinção entre trabalho, lazer e família.*
>
> *Se você decidir tornar cada um de seus produtos o melhor do gênero, não poderá entregar seu modelo ao fornecedor com preço mais baixo. Penso na Patagônia como um ecossistema, com seus fornecedores e clientes como parte integrante do sistema. Um problema em qualquer parte do sistema eventualmente afeta o todo, e isso dá a todos uma responsabilidade primordial pela saúde do organismo.*

> *Ter lucro não é o objetivo porque um mestre Zen diria que os lucros acontecem quando "você faz todo o resto certo".*
> *Valorizamos a diversidade em todos os seus aspectos. Aprendi ao longo da minha vida que a natureza ama a diversidade. E que odeia a monocultura e a centralização.*

Para Chouinard, "a maior parte dos danos que causamos ao planeta é resultado da nossa própria ignorância" (*Avidya*). Yvon Chouinard renunciou a sua fortuna, doando todas as suas ações da empresa para um fundo e uma organização sem fins lucrativos que atuam no combate ao aquecimento global (Quem é..., 2024).

A Ben & Jerry's, atualmente uma subsidiária da Unilever, é outro ótimo exemplo de altruísmo corporativo. Seus fundadores, Ben Cohen e Jerry Greenfield, continuaram envolvidos com a empresa mesmo após a aquisição pela Unilever e se tornaram influentes ativistas. O notável compromisso da empresa com tais valores orientou a Ben & Jerry's a utilizar ingredientes saudáveis, adquirindo leite apenas de fazendas que seguem rigorosa prática de bem-estar animal e o compromisso com a não utilização de organismos geneticamente modificados. Em parceria com organizações de caridade para estimular a conscientização sobre questões importantes em relação a mudanças climáticas, igualdade de gênero, apoio a minorias e programas educacionais criou embalagens especiais para encorajar tais causas (Unilever, 2024).

A TOMS Shoes – uma empresa de calçados, acessórios e café fundada em 2006 por Blake Mycoskie – é outro exemplo notável de uma empresa que integra responsabilidade social em seu modelo de negócios e tem um impacto tangível na vida de pessoas em todo o mundo. Ficou conhecida pelo que eles chamam de "*One for One*" (Um por Um), em que para cada par de sapatos vendido, a empresa se compromete a doar um par de sapatos para uma criança carente em uma comunidade em desenvolvimento. Desde sua fundação a empresa já doou milhões de pares de sapatos em todo o mundo, ajudando a proteger as crianças dos perigos de andar descalças. Eles também se expandiram para fornecer óculos de sol para pessoas com deficiência visual e café que apoia programas de água potável em comunidades carentes, patrocinando programas de empoderamento feminino e de educação em geral. É frequentemente citada como um exemplo de negócio sustentável, que combina sucesso comercial com responsabilidade social, demonstrando que é possível ter um impacto positivo significativo na vida das pessoas por meio de um modelo de negócio inovador (Salum; Coleta, 2018).

Eileen Fisher é uma marca de moda norte-americana, conhecida pela inovação, elegância e versatilidade de seus produtos. O desenvolvimento de técnicas de tingimento de roupas que utilizam menos água e recursos fez da empresa um *case* notável que exemplifica como a inovação, aliada a práticas de negócios responsáveis e sustentáveis, edifica as operações de uma empresa. Destaque para o programa de reciclagem chamado *Eileen Fisher Renew*, no qual os clientes podem devolver roupas antigas da marca para serem recicladas e transformadas em novas peças, ajudando a reduzir o desperdício e a prolongar a vida útil dos materiais. A transparência em relação às práticas de produção e à cadeia de suprimentos é outro ponto forte da empresa, ao fornecer informações detalhadas sobre o processo de fabricação de suas roupas, incluindo os materiais utilizados e as fábricas envolvidas. Além de ações junto à comunidade, a Eileen Fisher valoriza o bem-estar de seus funcionários, garantindo um ambiente de trabalho seguro e inclusivo, bem como benefícios que incluem cuidados com a saúde (Wikipédia, 2024d).

A Natura & Co é um dos melhores *cases* brasileiros para ilustrar tais princípios. Fundada em 1969, a empresa de cosméticos tem uma longa história de compromisso com a sustentabilidade e a responsabilidade social, reconhecida pelo uso de ingredientes naturais e orgânicos, bem como por práticas de comércio justo e preservação da biodiversidade. As parcerias estabelecidas junto a comunidades locais, sobretudo na Amazônia, para coleta dos melhores ingredientes, apoiam a sustentabilidade econômica dessas comunidades e contribuem para a proteção da floresta. Também estão empenhados em reduzir o impacto ambiental de suas embalagens, utilizando materiais reciclados, buscando alternativas mais sustentáveis e incentivando a reciclagem de embalagens por parte dos consumidores. É uma empresa engajada em causas sociais e culturais, patrocinando grupos artísticos de regiões carentes do país. Tudo isso traz ainda mais formosura para os produtos que têm como propósito a beleza (Natura, 2024).

Incorporando *Aparigraha* na liderança

O princípio de *Aparigraha* sugere a ausência de avidez, renunciar ao desejo de possuir mais e mais pela ganância, adotando meios antiéticos para alcançar as metas. Está associado ao desapego e moderação em relação a posses de bens materiais e imateriais. *Aparigraha* não nega a ambição equilibrada e saudável, na verdade, ajuda a construí-la. É um princípio desafiador para a liderança, mas um caminho importante em direção a um padrão de liderança virtuoso, consciente e eficaz. Aqui estão algumas maneiras de incorporar *Aparigraha* na liderança:

- **Autoconsciência**: Comece praticando uma autoanálise franca sobre o seu próprio relacionamento com a posse, o poder e o reconhecimento. Reconheça seus próprios desejos materiais e seu impacto em suas decisões e ações como líder;
- **Cultive a Simplicidade**: Simplifique sua vida e seu estilo de liderança, focando no que é essencial e eliminando os excessos. Isso pode se refletir na maneira como você estrutura seu tempo, gerencia recursos e toma decisões;
- **Empatia e Cuidado**: Adote uma abordagem mais empática e de cuidado em relação aos membros da sua equipe, demonstrando interesse genuíno em relação às necessidades e preocupações

das pessoas. Isso pode criar um ambiente de trabalho mais solidário e harmonioso;

- **Compartilhamento de Reconhecimento**: Em vez de buscar o reconhecimento pessoal, compartilhe o reconhecimento com sua equipe. Celebre suas conquistas e reconheça publicamente os esforços de sua equipe;
- **Incentivo à Autonomia**: Dê mais autonomia à sua equipe. Isso não apenas desenvolve a confiança dos membros da equipe, mas também alinha com a ideia de desapego do controle;
- **Desapego de Títulos e Hierarquias**: Considere uma abordagem menos rígida em relação a títulos e hierarquias. Valorize mais as contribuições e as habilidades das pessoas do que seus cargos;
- **Foco no Propósito e na Missão**: Lembre-se do propósito e da missão da sua organização e equipe. Mantenha o foco no impacto que você está tentando alcançar e evite se distrair com objetivos materiais ou pessoais;
- **Aprendizado Contínuo**: Mantenha uma mentalidade de aprendizado contínuo. Esteja aberto a novas perspectivas e esteja disposto a crescer e evoluir como líder; e

Seção 4
Princípios Íntimos

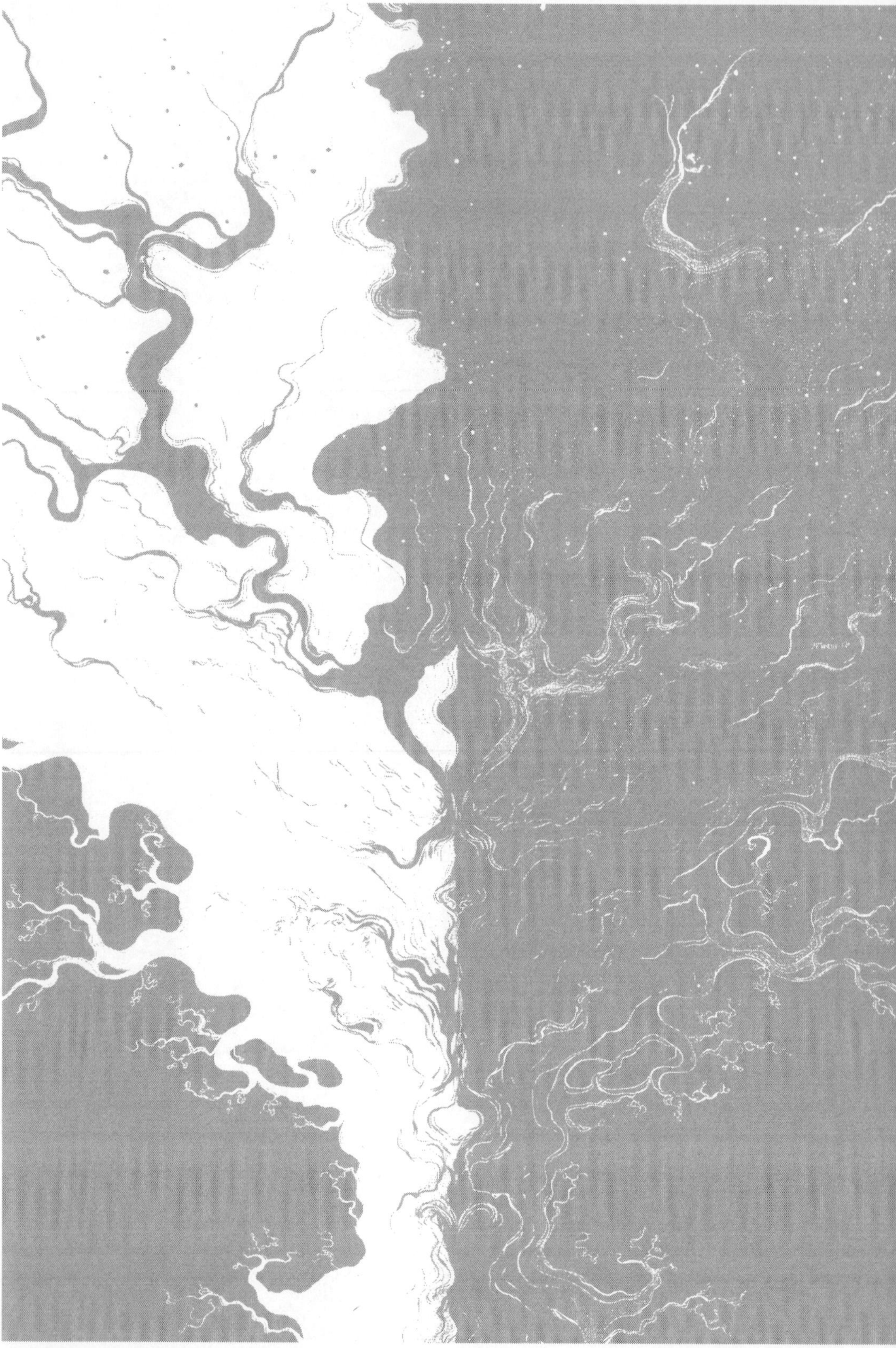

CAPÍTULO 9

Princípios íntimos / individuais

Enquanto *Yamas* oferecem os cinco princípios para que a liderança ponha freios nos comportamentos inconvenientes e antiéticos que prejudicam a harmonia com seus stakeholders, *Niyamas* apresentam mais cinco princípios que a liderança deve cultivar consigo mesmo, como uma bússola interna que orienta o pensar e sustenta sua harmonia. Esses princípios se concentram na ação e no relacionamento íntimo da pessoa com os seus valores, suas crenças e emoções, visando desenvolver e fortalecer a sua conexão íntima, a clareza de intenções e o refinamento da forma como se realizam os próprios objetivos. A palavra *Niyamas* (de origem sânscrita) deriva da raiz verbal *ni* (que significa "dentro" ou "para dentro") e *Yama*, como já vimos, são os princípios éticos. Portanto, *Niyamas* é uma ética consigo mesmo, um processo de autoliderança que, na jornada do Yoga, desempenha um papel importante ao ajudar o praticante a fortalecer sua disciplina, além de abrir caminho para uma espiritualidade prática.

Um detalhe importante – *Kriya Yoga*

Há um detalhe nos *Yoga Sutras* de Patanjali e que vale uma explicação. Os três últimos *Niyamas* aparecem também de forma distinta no texto tradicional, como *Kriya Yoga*. A distinção entre os dois reside no fato de que, quando apresentados como *Niyamas,* são princípios gerais de autodisciplina que se aplicam a todos os aspectos da vida, assim como os *Yamas*. Mas quando apresentados como *Kriya Yoga* indicam um método específico para determinado fim. Os comentaristas afirmam que, para Patanjali, a prática do Yoga é *Kriya Yoga* que se traduz por "yoga da ação" ou "ação coerente", o que significa que conhecer toda teoria do Yoga e não incorporar o postulado na ação não é Yoga. Patanjali enfatiza a necessidade da autodisciplina como elemento de transformação, que é válido para todas as partes do método óctuplo do Yoga, incluindo os *Yamas e Niyamas,* que, apesar de conceituais, exigem ação prática.

Por tal motivo, *Kriya Yoga* merece uma explicação complementar. Como já vimos, o prefixo *Kri* em sânscrito tem o sentido de "ação", "atividade" ou "procedimento", que, somado ao termo Yoga (conexão, coerência, integração), sugere ações realizadas com um propósito claro e específico. A "ação coerente" ou "ação perfeita" se apoia em três pilares que Patanjali chama de *Kriya Yoga*, sendo:

- Desejo ardente (*Tapas*);
- Autoestudo para compreender a si mesmo (*Svadhyaya*); e
- A entrega do corpo, da mente e da alma a Deus, mediante o amor por Ele (*Ishvara Pranidhana*).

A articulação desses três princípios se apresenta como uma receita bem elaborada para fazer as coisas acontecerem sem sucumbir a pressões, ansiedades e todos os outros vícios comportamentais que podem nos fazer perder potência. No entanto, a "ação perfeita" se estabelece somente na presença simultânea desses três princípios.

Vamos a alguns exemplos. Desde as Olimpíadas de Pequim, em 2008, desenvolvi o hábito de observar a performance dos atletas pelas lentes da *Kriya Yoga.* O atleta tem paixão pelo que faz, um desejo ardente (*Tapas*) por sua atividade, dedicando uma vida inteira de intenso trabalho e sacrifícios para performar melhor a cada ano. O ápice do trabalho de um atleta é conquistar medalhas. Mas, infelizmente, só o desejo ardente não garante sucesso, pois o atleta precisará estudar, aprimorar-se e refinar-se continuamente (*Svadhyaya*) em sua arte. O estudo (e autoestudo) envolve o aprofundamento contínuo no que se propõe a fazer, conquistando, com o tempo, a maestria. E, naturalmente, os atletas também têm essa qualidade. O mais difícil é o terceiro princípio, "a entrega (a Deus)" (*Ishvara Pranidhana*). Se incluir Deus nessa equação te incomoda, podemos chamar de "desapego pelos resultados das ações" ou "manter uma expectativa apropriada".

O que aprendi sobre os atletas foi que sua conduta interna, seus modelos mentais e os padrões de comportamento eram determinantes para o resultado. Se satisfatório ou não, isso não tem relevância para a nossa reflexão, mas vou me concentrar na qualidade da ação. Muitos atletas chegaram aos jogos olímpicos como favoritos em suas modalidades, e, naturalmente, isso seria suficiente para gerar altas expectativas em suas mentes. Quando somadas as expectativas de suas famílias, dos torcedores e da mídia, o atleta precisa administrar uma enorme pressão interna, e muitos não têm estrutura psicológica para isso. O mais incrível é que a maioria dos favoritos não ganhou medalha nenhuma. Apesar das decepções, cada atleta supera seu "fracasso" de acordo com seu nível de maturidade. O exemplo mais notório da falta do terceiro princípio (*Ishvara Pranidhana*) foi do ginasta Diego Hypolito, que, mesmo sendo o campeão mundial da modalidade e franco favorito em suas provas, sucumbiu à altíssima expectativa e pressão interna, saindo das edições de Pequim e Londres sem medalhas. Diego tinha a força de vontade intensa (*Tapas*), tinha o conhecimento (*Svadhyaya*), mas faltou a entrega (*Ishvara Pranidhana*), que o colocaria no fluxo de atenção plena. O que vou afirmar aqui é pura inferência, mas, talvez, a pressão de ser o favorito na sua modalidade ou um breve pensamento de que "estou indo tão bem" gerou a distração fatal.

Gosto do exemplo vitorioso da Maurren Maggi em 2008. Ela foi a primeira mulher brasileira a ganhar uma medalha de ouro no atletismo brasileiro, mas a beleza de sua conquista está em sua história de superação. Em 2003, Maurren – então dona da melhor marca do mundo na temporada no salto em distância – foi acusada de *doping* e viu seu mundo virar de cabeça para baixo (Folha de S.Paulo, 2008). Após dois anos impedida de participar de competições, voltou a treinar e a competir, obtendo ótimos resultados. Em Pequim, faturou o inédito ouro. Mas o que mais me impressionou nessa atleta foi o espírito com o qual ela entrou na pista, retratado numa comovente carta que ela entregou aos seus treinadores antes da competição, com a recomendação de que só fosse lida após a prova. Em uma de suas entrevistas para televisão, o seu treinador Nélio Moura leu trechos da carta, em que Maurren mostrou maturidade, simplicidade, despojamento, presença, resiliência, tranquilidade e um poderoso conjunto de crenças que demonstravam um impressionante foco na ação e pouca expectativa por qualquer resultado. Não tenho dúvidas de que isso foi fundamental para que alcançasse o resultado que alcançou. Na carta, ela disse:

> *Vou fazer meu melhor, quero saltar muito. Fazer o que sei melhor, saltar sem limites, sem obstáculos. Estou pronta, o resto é consequência. Obrigada por tudo, por não desistirem de mim. Amo vocês, vejo vocês depois da prova*[7]

Em 2008, Tiago Pereira era tido como uma grande promessa de medalha para a natação, enquanto pouco se falava de Cesar Cielo. O primeiro voltou com as mãos vazias e Cielo se consagrou. Em 2012, Cielo chegou com a bola toda, saiu nitidamente frustrado e decepcionado, Tiago, sem nada a perder, consagrou-se. A expectativa excessiva

7 Trecho da carta de Maurren Maggie aos seus treinadores Nélio Moura e Tania Fernandes de Paula Moura lida no SportTV.

em alcançar algum resultado tem o poder de gerar distração e fazer com que percamos energia ao agir. É paradoxal, mas quanto mais relaxado, mais livre de pressões, menos expectativas, maior é a capacidade de concentração, foco e potência. Para o atleta, a ansiedade e a perda do foco na execução ao agir podem gerar uma distração desastrosa. Os melhores resultados foram obtidos por atletas estreantes ou quase desconhecidos do público geral.

Na edição 2012, em Londres, Artur Zanetti, ao ser entrevistado após ter ganhado o ouro nas argolas, demonstrou um padrão que indica presença e foco na ação. Afirmou que sua atenção é sempre focada no próximo elemento (nunca para três elementos à frente). Mantém seu objetivo na mente e, segundo ele, "*não fico pensando na prova dos adversários, só penso na minha. Quero sempre fazer o melhor, a consequência vai ser o resultado*" (Matsuki, 2016). Afirmou ainda que não gosta da euforia, valorizando modéstia, dedicação e despojamento ao reconhecer que o ouro é uma conquista de sua família também. Em nossa cultura há um exagerado foco em resultados. Mas não podemos perder de vista o fato de que resultados são consequências de ações bem-feitas. Todos os atletas citados aqui possuem nitidamente os dois primeiros princípios, mas nem todos possuem o terceiro, que viabiliza a "ação perfeita".

É uma sabedoria que nos faz lembrar que temos controle apenas sobre nossas ações e escolhas, mas não temos qualquer controle sobre os resultados das ações, que estão no campo das probabilidades. Desconsiderar este último princípio faz alguns atletas, candidatos a vestibular e executivos sucumbirem à ansiedade exagerada, comprometendo o foco e a potência necessária para realizarem uma ótima entrega.

> *A sabedoria é um termo que expressa a habilidade de fazer, e não a habilidade para explicar. Quem tem sabedoria faz o que deve ser feito e faz corretamente, sem a necessidade de pensar. A doutrina*

> *do Yoga identifica certas características típicas do comportamento afetado pela falta de sabedoria, como ver eternidade no perecível, ver pureza no que é impuro, encontrar bem-estar no que é desagradável, ou individualidade no que é coletivo ou múltiplo (Patanjali, 2015, p. 40).*

Nesta seção, vamos apresentar os cinco *Niyamas*, sendo que os três últimos formam o *Kriya Yoga*. Estes princípios visam estabilizar a mente e apoiar a construção de uma inabalável serenidade (equanimidade), independente das circunstâncias vividas.

CAPÍTULO 10

Princípio 6
Saucha (pureza)

"Do mesmo modo que o metal enferruja com a ociosidade e a água parada perde sua pureza, assim a inércia esgota a energia da mente."

Leonardo da Vinci

Cultive a pureza física para conquistar a saúde do corpo, pratique a pureza mental e emocional para fortalecer o bom humor, a atenção e a aptidão para a autorrealização.

Saucha é um conceito que significa pureza, sugerindo um padrão de autocuidado amplo e integrado que incorpora todos os níveis do ser nas dimensões física, emocional, mental e espiritual. A pureza física envolve o autocuidado com o corpo, desde a higiene externa até manter o corpo livre de toxinas por meio de uma dieta equilibrada e a prática de exercícios físicos com regularidade, além de um cuidado muito especial com a higiene do sono. A pureza mental e emocional implica a observância dos padrões mentais e emocionais, a revisão periódica dos pensamentos e a capacidade de soltar emoções desagregadoras ao mesmo tempo que se cultivam estados emocionais equilibrados, o que permite se livrar das tensões e preservar um estado de tranquilidade, lucidez e clareza mental. *Saucha* pode ser um conjunto de hábitos que viabilizam a limpeza do corpo e da mente de tudo o que pode prejudicar sua saúde e a vitalidade.

A Dimensão física de *Saucha*

Para os yogues, o corpo físico é considerado um templo sagrado para a consciência. Mantê-lo limpo, purificado, livre de toxinas e doenças permitirá que a consciência se expresse com alegria e plenitude rumo a suas realizações. Isso inclui um conjunto de ações, desde higiene e cuidados pessoais, evitar o consumo de substâncias que intoxicam o organismo, adotar uma dieta equilibrada e nutritiva, consumir quantidade suficiente de água, cultivar hábitos saudáveis de sono, além da prática regular de exercícios físicos. Essas são maneiras tangíveis de adotar a pureza física e preservar a saúde.

Como vimos no capítulo sobre *Ahimsa*, hábitos ruins podem ser potencialmente ofensivos em relação à própria saúde. Excesso de peso, colesterol alto, sedentarismo e hipertensão são consequências das negligências pessoais que podem ser consideradas um tipo de agressão contra si mesmo. Numa conversa trivial com um amigo, falávamos sobre sua saúde e suas preocupações em relação aos resultados de seus exames clínicos em seu último check-up. Seus índices de colesterol, triglicérides, glicemia estavam altos, além de um diagnóstico de esteatose hepática, consequência direta de uma dieta desregrada, consumo frequente de álcool e do sedentarismo, que se arrastava por anos. O sobrepeso, a hipertensão e a enxaqueca persistente eram, para esse amigo, apenas os sintomas de problemas mais profundos que indicavam uma intoxicação física que minava sua saúde. Infelizmente, esse é o retrato de boa parte dos executivos.

Um dos melhores exemplos deste princípio foi do empresário brasileiro Abilio Diniz, que viveu 87 anos em plena atividade. Além de ter sido o dono de uma das maiores fortunas do país, se tornou uma referência quando o assunto era saúde e longevidade com plenitude. Em 2023 tive a alegria de participar de uma de suas aulas na FGV e conheci um pouco mais de sua história por ele mesmo. Abilio nos contou que tomou a decisão de começar a fazer 80 anos aos 29, após uma consulta ao cardiologista que o alertou sobre os riscos do excesso de tensão para o coração. Para Abilio, a disciplina tornou-se um valor e também uma ferramenta. Ele disse ser "irritantemente disciplinado", procurando não começar a trabalhar antes das 10h e não avançava as horas dedicadas ao trabalho além das 19h, justamente para dar atenção às coisas que eram importantes em sua vida, com base nos pilares da atividade física, alimentação, controle de estresse, autoconhecimento, espiritualidade e amor. Declarou que sua principal intenção era continuar estudando e adquirindo mais conhecimentos com gente referência nos assuntos que estudava, sendo que seu legado passou a ser compartilhar o que aprendia com muitas pessoas, para que pudessem viver mais e com mais qualidade, estimulando as pessoas a cuidarem melhor dos seus corpos, das suas cabeças, de si mesmas, dos seus relacionamentos e da espiritualidade, para que envelhecessem muito mais tarde.

Longevidade passou a ser um dos grandes temas de alguns anos para cá. Que as pessoas estão vivendo mais, isso é um fato, mas a principal questão é viver mais com que qualidade? Nas chamadas "Zonas Azuis" – regiões no planeta onde a longevidade é consideravelmente alta – os habitantes parecem desafiar os padrões globais de envelhecimento. Locais como Okinawa no Japão, Sardenha na Itália, ilha de Icária na Grécia, Nicoya na Costa Rica e Loma Linda nos Estados Unidos, têm sido objeto de estudos para entender os segredos por trás da excepcional longevidade desses povos. Um dos principais fatores que contribuem para a longevidade nessas regiões é a dieta, baseada em alimentos vegetais, frutas, legumes, grãos integrais e proteínas de origem vegetal, como feijões, lentilhas e nozes. Os habitantes dessas regiões consomem porções menores e praticam a moderação no consumo de calorias, o que indica um baixíssimo índice de diabetes e obesidade. Algumas culturas ainda estimulam o jejum intermitente, como uma forma de desintoxicação do corpo. A combinação de uma dieta equilibrada com outros fatores de estilo de vida, como atividade física regular e conexões sociais sólidas, contribui para a notável longevidade observada nessas regiões[8]. Por esse motivo, cultivar um estilo de vida saudável por um longo período não é apenas um modismo temporário para garantir a saúde física, mas uma prática de *Ahimsa* e *Saucha* consigo mesmo. A mentalidade yogue reconhece que o corpo é, no fim das contas, um instrumento emprestado pela Mãe Natureza para que nossa consciência experiencie a vida. A cultura do autocuidado e a autorresponsabilização pela própria saúde é intransferível e um ato de amor para consigo mesmo. Além de preservar a saúde, você perceberá uma melhoria em sua performance geral.

Nossa alimentação se transformou mais durante os últimos 70 anos do que nos 5 mil anos anteriores. Um supermercado tem cerca 4 mil itens alimentícios à venda e a maioria desses alimentos são manufaturados por multinacionais que controlam um sistema multimilionário em todo o mundo. Alimento passou a ser sinônimo de produto que visa saciar a fome; muitos deles com pouco valor energético e nutricional em comparação com a comida de verdade disponível nessas zonas azuis ou com aquilo que nossos antepassados consumiam. A oferta de frutas, verduras e legumes durante o ano inteiro nos leva a concluir que o uso de conservantes artificiais para preservar os alimentos é uma prática necessária da indústria ali-

8 *Live to 100: Secrets of the Blue Zones*, Documentário, 2023, Netflix.

mentícia para sustentar a imensa demanda por comida. Produtos industrializados ou ultraprocessados, pobres em valor nutricional, são oferecidos em rótulos e apelos publicitários atraentes para estimular o consumo (Brady, 2018). Proporcionalmente, o alto índice de doenças crônicas não transmissíveis como cardiopatias, diabetes, arteriosclerose e neoplasia são a principal causa de mortalidade nos países desenvolvidos. As últimas estimativas da Organização das Nações Unidas para Alimentação e Agricultura (FAO) indicam que o número de pessoas obesas já superou o número de pessoas que sofrem de fome. Há mais obesos do que famintos no mundo (FAO, 2024). Nossos corpos precisam de proteínas, gorduras, carboidratos, vitaminas e minerais na medida certa para sustentar a vida. O excesso intoxica e nos faz adoecer.

Outro dado que normalmente ignoramos é o fato de que os alimentos podem ser alcalinos ou ácidos. Em geral, alimentos ácidos em excesso causam inflamação e predisposição a gripes, baixa vitalidade, fadiga, dor nas articulações, baixa concentração, mudanças no humor e outras infecções, enquanto os alimentos alcalinos ou neutros contribuem para reduzir a inflamação do corpo e preservar a saúde. Alimentos refinados como óleos hidrogenados, açúcar, arroz e farinha branca; ultraprocessados como embutidos, sucos industrializados, adoçantes, refrigerantes e álcool são potencialmente prejudiciais para a saúde, pois aumentam a acidez do sangue. Por outro lado, alimentos *in natura* e frescos como a maioria das frutas e hortaliças são alcalinos e promovem a purificação do organismo. Tom Brady – o ex-jogador de futebol americano com a carreira mais longeva no esporte – afirma que "deveríamos consumir 80% de alimentos alcalinos e apenas 20% de ácidos" (Brady, 2018, p. 225). O atleta atribui a sua longevidade como jogador a um método de treinamento físico baseado na maleabilidade muscular, que previne e acelera a recuperação de lesões, atrelado a uma dieta anti-inflamatória.

A milenar medicina ayurvédica – um dos sistemas mais antigos de cura que tem uma visão holística do indivíduo – propõe princípios que buscam equilibrar os elementos básicos que compõem o organismo e sua conexão com a energia vital. A Ayurveda tem também, na nutrição e em outras práticas de limpeza, uma estratégia consistente para purificação do corpo e da mente. Os *Doshas* – princípios biológicos e energéticos que governam os processos fisiológicos e psicológicos – combinam a força dos elementos da natureza, sendo fundamentais para compreender que cada indivíduo tem uma constituição única que influencia seu padrão de saúde e vitalidade. O *Dosha Vata* – que combina os elementos éter e ar – tem a função de controlar os movimentos do corpo, como o peristáltico, a circulação sanguínea, a respiração e a mobilidade muscular. Quando equilibrado, esse *Dosha* promove criatividade, vitalidade e entusiasmo, em desequilíbrio, gera ansiedade, insônia e problemas digestivos.

O *Dosha Pitta* – combinação dos elementos fogo e água – tem a função de controlar os processos metabólicos como a digestão, assimilação dos alimentos e a regulação da temperatura corporal. Quando equilibrado, gera foco, liderança e apetite saudável, mas, quando em desequilíbrio, causa irritabilidade, distúrbios digestivos e inflamações. E o *Dosha Kapha* – elementos água e terra – fornece estrutura e sustentação, regulando crescimento, lubrificação das articulações e manutenção do sistema imunológico. Quando equilibrado gera calma, compaixão e resistência física, mas em desequilíbrio gera lentidão, ganho de peso e congestão. Segundo esse tradicional sistema de medicina, o equilíbrio dos *Doshas* é alcançado através de várias práticas, incluindo uma dieta personalizada e um cronograma regular para as refeições, rotinas para acordar e dormir, disciplinas diárias de exercícios físicos, uso de ervas e técnicas de purificação orgânica como realizar a raspagem da língua, consumir água morna com sal e limão, água com mel e limão (dependendo do *Dosha* do indivíduo) para estimular o funcionamento do intestino (Deveza, 2013).

Além dos cuidados fisiológicos, a alimentação deveria ser feita em lugares agradáveis, bem iluminados e bonitos, num ritmo calmo para que pudéssemos também nutrir e purificar os nossos sentidos, apreciando de forma ampla o alimento. Ainda vejo indivíduos negligentes com tais hábitos que, com a justificativa da falta de tempo, abusam do *fast food*, engolem a comida com pressa e, às vezes, discutem assuntos desagradáveis durante as refeições. Além da alimentação, manter a disciplina em relação a atividades físicas é fundamental para preservar a saúde.

Não pretendo aqui defender uma modalidade em específico, mas o principal aqui é você encontrar uma atividade física que você tenha prazer e que gere a motivação necessária para mantê-la por um longo período em sua vida. Exercícios aeróbicos ajudam a queimar gordura e eliminar toxinas do corpo, aumentando força, vitalidade, resistência e condicionamento físico. Um corpo saudável é mais resiliente e, pela visão integrativa do Yoga, as dimensões emocional e mental também se beneficiam e conquistam tais capacidades a partir do corpo. O sono e as estratégias de recuperação formam o terceiro pilar.

O papel do sono para purificação

O sono desempenha uma importante função para o repouso, a recuperação e a purificação física e mental, essencial para mantermos nossa saúde geral. O maior benefício do sono é que ele funciona como uma terapia de regeneração natural, sendo uma oportunidade para relaxar e nos recuperarmos para as atividades do dia seguinte. Quando não dormimos o suficiente, nossa inteligência física, mental e emocional diminui, o que gera consequências extremamente negativas em relação ao desempenho geral, dificultando a recuperação adequada do estresse acumulado.

Apesar de consumir cerca de um terço do nosso tempo, o sono não deve ser considerado uma perda de tempo, mas uma parte essencial da nossa rotina. Dormir o suficiente é tão vital para nossa sobrevivência quanto é comer e beber água, pois realiza uma série de funções metabólicas, incluindo a forma como as células nervosas (neurônios) se regeneram e se comunicam entre si. O nosso cérebro permanece notavelmente ativo enquanto dormimos, e descobertas científicas recentes sugerem que dormir permite ao cérebro realizar processos de limpeza e desintoxicação, removendo toxinas metabólicas que se acumulam ao longo do dia. Dormir traz benefícios não só para o cérebro, mas também para todos os órgãos, tecidos e sistemas do corpo, permitindo a recuperação do metabolismo, o fortalecimento da função imunológica, melhor resistência a doenças e melhoria do humor. A falta crônica de sono aumenta o risco de distúrbios como hipertensão, doenças cardiovasculares, diabetes, obesidade e transtornos mentais como a depressão; além do risco aumentado para doenças neurodegenerativas, como o Alzheimer (NIH, 2024). Outra pesquisa conduzida pela Universidade de Harvard descobriu que o sono desempenha um papel crucial na consolidação da memória, na regulação do humor e no funcionamento cognitivo que favorece o aprendizado (BBC News Brasil, 2013).

Criar hábitos saudáveis de sono, como manter um horário regular de dormir, criar um ambiente propício para o descanso e evitar estimulantes antes de ir para a cama fazem parte de estratégias de higiene do sono para permitir que nosso corpo e mente possam se regenerar adequadamente durante a noite.

As dimensões sutis de *Saucha*

As dimensões sutis dizem respeito aos aspectos emocionais, mentais e espirituais do ser, mas não devemos esquecer que, na visão do

Yoga, não há separação dessas dimensões do físico. Tudo está conectado. Mas como estamos habituados a essa distinção, vou explicar separadamente para facilitar o entendimento do leitor.

No nível emocional, a pureza envolve a gestão consciente das emoções, evitando a negatividade desnecessária e o cultivo de estados emocionais positivos. Saber manejar as emoções, expressá-las de forma adequada e não deixar que as emoções desagregadoras permaneçam muito tempo na mente são ações que favorecem a purificação emocional. Na dimensão mental, a pureza refere-se à clareza e tranquilidade da mente, em que pensamentos negativos ou perturbadores se dissolvam, evitando o excesso de informações desnecessárias. E na dimensão espiritual, *Saucha* implica um esforço consciente para agir de acordo com os princípios aprendidos em suas práticas espirituais-religiosas e seus momentos de contemplação da beleza e da harmonia na natureza. O serviço desinteressado e a prática da compaixão também são expressões de pureza espiritual.

Incorporando *Saucha* na liderança

Saucha nos convida a uma jornada de purificação ampla, reconhecendo que a pureza não é apenas física, mas permeia todos os aspectos da nossa vida. Ao adotar práticas que promovem a pureza física, emocional, mental e espiritual, podemos criar um espaço interno propício ao florescimento pessoal, saúde e bem-estar duradouro. O princípio de *Saucha* envolve desde hábitos simples de higiene, nutrição adequada, exercícios físicos, emoções equilibradas, pensamentos edificantes até intensões nobres em relação às pessoas e à vida. Aqui estão algumas maneiras de incorporar *Saucha*:

- **Adote uma Dieta Balanceada**: Alimente-se de "comida de verdade", priorizando alimentos frescos e naturais. Restrinja o consumo de alimentos processados e ricos em açúcares.

- **Hidratação Adequada**: Beba água suficiente ao longo do dia para manter o corpo hidratado. Os nutricionistas afirmam que, no mínimo, devemos consumir 35 ml de água por quilo de peso por dia. Se você pesa 80 kg, seu consumo mínimo de água deve ser de 2,8 l.
- **Pratique Jejum**: Considere práticas de jejum intermitente ocasionalmente, sob a orientação de um nutricionista, para auxiliar na limpeza do organismo.
- **Adote uma Vida Ativa:** Escolha uma (ou algumas) atividade física que lhe dê prazer, como natação, yoga, dança, artes marciais, ciclismo, entre outras. Temos uma imensa variedade de atividades físicas e somente com prazer você dará sustentação a ela(s). Inclua atividades direcionadas que estimulem força, resistência, flexibilidade e agilidade, que melhorem o sistema cardiovascular, como atividades aeróbicas. Preferencialmente, faça exercícios com a orientação de um especialista em educação física. Adotar uma vida ativa envolve também escolher se deslocar a pé, subir e descer escadas, cultivar tarefas que envolvem movimentos corporais, como jardinagem, por exemplo. A atividade física regular é fundamental para preservar a saúde em todas as dimensões.
- **Adote uma Rotina de Sono**: Estabeleça uma rotina de sono consistente, garantindo horas suficientes de descanso para revitalizar o corpo e a mente. Se possível, vá para a cama antes das 22h e durma o suficiente, entre 7 e 9 horas, num quarto fresco, limpo e livre de barulho e luz. E nunca tire do sono o tempo que lhe falta. A ciência já provou que durante o sono o nosso cérebro se recupera e se regenera.
- **Inclua o relaxamento em sua rotina**: Reserve momentos para relaxar e cuidar de si mesmo, seja através de meditação, massagem ou outras práticas de relaxamento. Incluir estratégias de desaceleração em sua rotina é fundamental para manter a performance sustentável. A cada hora de atividade cognitiva intensa, relaxe por cinco a quinze minutos.
- **Aprenda técnicas de respiração**: O Yoga tem um amplo repertório de técnicas respiratórias chamadas de *Pranayamas – prana*

(energia vital), *yama* (controle). Dominar a respiração, além de promover uma melhor oxigenação do corpo, ajuda desenvolver melhor autocontrole emocional.

- **Expressão emocional**: Aprenda a expressar suas emoções de maneira saudável e equilibrada. Invista no estudo da inteligência emocional e manejo das emoções. Cultivar o hábito de escrever sobre suas emoções, dificuldades e insights é um ótimo exercício de autoconhecimento e autodescoberta.

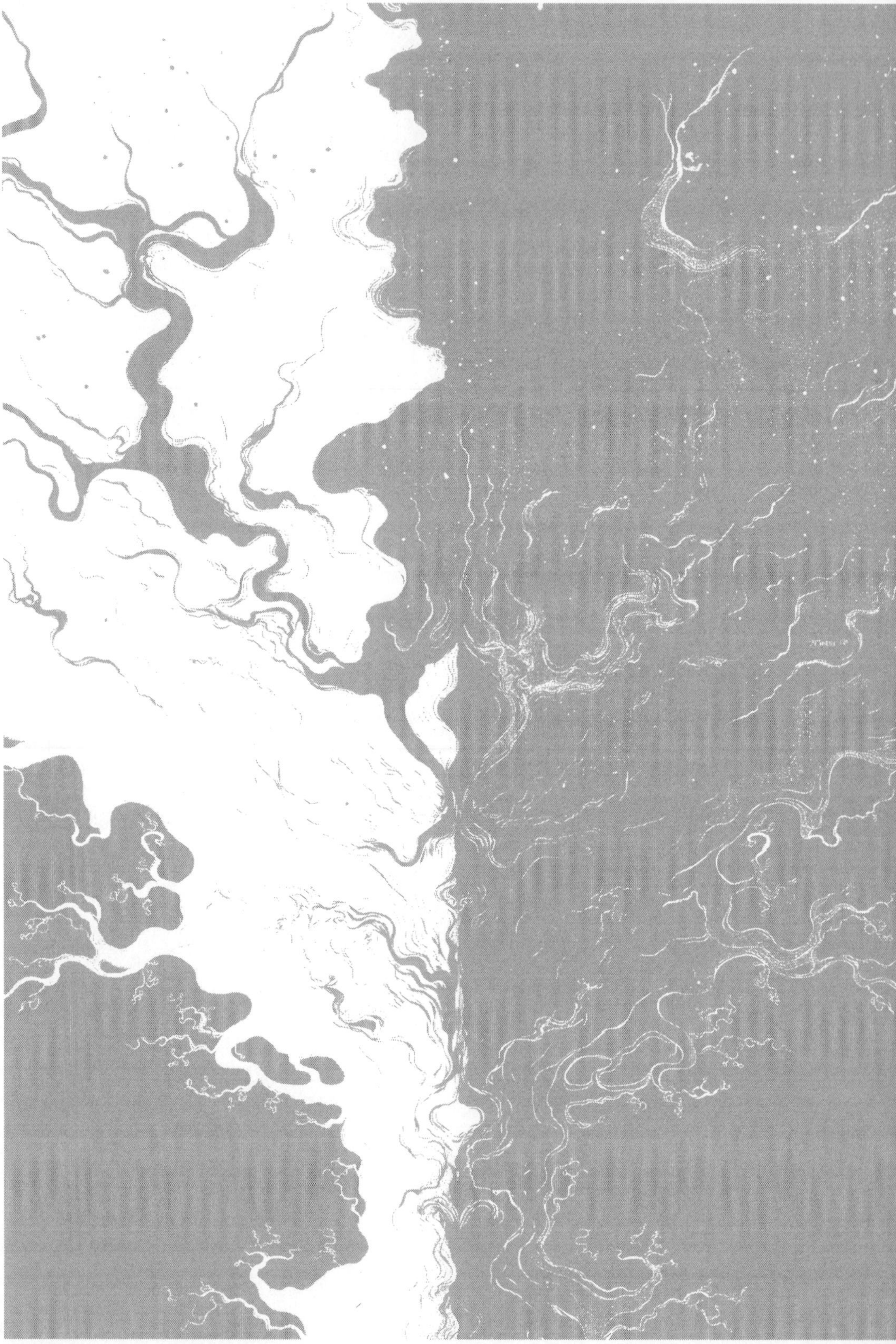

CAPÍTULO 11

Princípio 7
Santosha (contentamento)

"Sucesso é a paz de espírito, resultado direto da autossatisfação em saber que você fez o melhor para se tornar o melhor que você pode."

John Wooden

Cultive a atitude interior de satisfação, aceitação e gratidão pelo que se é e se tem no momento presente, fortaleça sua paz e a sabedoria para melhorar continuamente.

Santosha é a condição de se estar satisfeito com tudo o que se apresente no seu caminho por iniciativa própria (Feuerstein, 2009, p. 258). De forma prática, significa sentir-se feliz consigo e com o que se conquistou até o momento, assumindo total responsabilidade pelas escolhas que te trouxeram à situação atual, apreciando e valorizando a própria vida, as relações, a saúde, a condição financeira e tudo aquilo que se vive no momento. A frase atribuída a Santo Agostinho, "se não pudermos estar sempre alegres, vamos procurar estar sempre em paz", sintetiza a essência deste princípio íntimo.

De maneira alguma, *Santosha* deve ser confundida com comodismo ou uma postura indiferente aos anseios e pretensões da vida, nem com passividade diante dos desafios cotidianos, deixando de buscar por melhorias na vida. O indivíduo mantém sua ambição saudável, mas preserva uma atitude íntima de plena felicidade e reconhecimento com o que se é e se tem, apreciando as bênçãos que já existem na vida, em vez de se concentrar constantemente no que falta. *Santosha* nos convida a cultivar uma mentalidade positiva e realista ao descobrir que a felicidade é um estado interno, de presença no aqui e agora, independentemente das circunstâncias externas que afetam a vida.

O contentamento produz uma alegria insuperável, pois o desejo exagerado torna a mente agitada, distanciando-a de um estado de paz (Iyengar, 2021, p. 198). A ideia ativa desta virtude é "basta", pois o que se conquistou é suficiente para o momento. A história do filósofo Diógenes – o Cínico – ilustra bem essa ideia. Conta-se que, certa manhã, Diógenes tomava sol, quando Alexandre Magno, que andava por aquelas terras, de tanto ouvir falar naquele homem que morava dentro de um barril, quis conhecê-lo. Alexandre, montado em seu cavalo, pôs-se frente a frente com Diógenes e com este teve o mais memorável de seus diálogos. Desta forma apresentou-se o general:

– "Sou Alexandre o grande, diante de mim prostram-se os reinos, eu sou possuidor de muitas riquezas".

Diógenes, sem esboçar sinal algum de surpresa, respondeu ao general:

– "Eu sou Diógenes, e isto me basta".

Alexandre, pasmo com a indiferença de Diógenes diante de sua imponência, ainda tentou persuadi-lo, com o pretexto de fazer o filosofo segui-lo:

– "Ouvi muito sobre sua sabedoria, e te ofereço metade de minhas riquezas se quiser acompanhar-me".

Diógenes, para a surpresa de Alexandre e de todos que estavam presentes, prontamente respondeu:

– "De você não desejo nada, quero apenas que saia da frente do meu sol, pois estás me fazendo sombra".

Os soldados de Alexandre quiseram zombar de Diógenes, mas foram censurados pelo general que lhes repreendeu desta maneira:

– "Não zombem deste homem, pois se eu não fosse Alexandre Magno, eu queria ser Diógenes".

Ao saber da frase proferida por Alexandre, Diógenes respondeu: – "se eu não fosse Diógenes, eu também gostaria de ser Diógenes".

Diógenes vivia feliz dentro de um barril, enquanto Alexandre não encontrou satisfação nem depois de ter conquistado metade do mundo civilizado (Nova Acrópole, 2024). Essa história tem equivalência com os ascetas indianos que renunciavam à vida convencional em um movimento de simplicidade voluntária. Ambos apresentam uma lição profunda – a de que não precisamos de riquezas e status para sermos felizes – em que a verdadeira felicidade é estar contente com aquilo que se é e se tem.

Assim como apresentou Epicteto

> *das coisas existentes, algumas são encargos nossos, outras não. São encargos nossos o juízo, o impulso, o desejo, a repulsa... Não são encargos nossos o corpo, as posses, a reputação, os cargos públicos... Por natureza, as coisas que são encargos nossos são livres, desobstruídas, sem entraves. As que não são encargos nossos são débeis, escravas, obstruídas, de outrem (Carrasco, 2022, s.p.).*

Se dependermos exclusivamente dos aspectos externos para sermos felizes, nunca estaremos em paz e viveremos em constante frustração.

Santosha não pretende desencorajar a prosperidade, muito pelo contrário. Pretende, sim, potencializá-la ao ampliar o conceito de abundância para outros aspectos da vida. Ao ter clareza da conexão entre causa e efeito na vida prática, a pessoa tem como única alternativa se sentir satisfeita e contente com os resultados que suas próprias escolhas e ações geraram, não se colocando numa posição de vítima das circunstâncias. Estar contente com sua condição enriquece e aperfeiçoa o seu protagonismo.

Na década de 1990, conheci um executivo bastante incomum, que personificava, além de *Santosha,* outros princípios já apresentados. Com uma formação técnica em física e química, ele foi um alto gerente numa grande empresa multinacional. Paralelamente, cultivava uma paixão como estudioso de Tantra, Yoga e Vedanta, tornando-se escritor e professor. Não tenho dúvidas de que esse estudo lhe proporcionou uma visão de mundo e qualidade humana diferenciada. Certa vez, tive a oportunidade de visitá-lo em sua bela casa, num condomínio no interior de São Paulo e, na ocasião, conversamos sobre sua visão de mundo sobre riqueza e prosperidade, e ele me disse que temos duas escolhas em relação ao dinheiro. "Ou o dinheiro domina o seu ego e seu ego domina você, ou você domina o seu ego e seu ego faz bom uso do dinheiro... o dinheiro é um bom recurso, apenas isso".

Para compreender de forma ampla o conceito de *Santosha*, talvez seja útil tratarmos do aspecto antagônico deste princípio – a falta de contentamento e seus desdobramentos. A falta de contentamento afeta profundamente a mentalidade das lideranças e a qualidade dos ambientes organizacionais, onde a frenética ânsia por adquirir mais e mais baseia a felicidade na obtenção do prazer adquirido estritamente pelas conquistas materiais e pelo crescimento na carreira, fazendo o indivíduo sucumbir à ganância.

A fragilidade de *Santosha* instalada na mente acarreta uma série de desordens. Quando as lideranças buscam constantemente por validação e reconhecimento externos, acabam demonstrando um baixo grau de maturidade para a função. Assim como impor metas cada vez mais altas, deixando de reconhecer e apreciar o sucesso já alcançado, gera a impressão de que nunca estão satisfeitas com as suas próprias conquistas e o progresso de sua equipe. O foco exclusivo nos resultados, sem considerar o bem-estar e a satisfação geral da equipe, transmite para a equipe a ideia de que nada será bom o suficiente.

A insatisfação, quando se torna crônica, faz a liderança não reconhecer mesmo quando está diante de sucessos notáveis, o que acaba impactando negativamente a moral da equipe, o clima e a cultura organizacional. Veja que a falta de *Santosha* pode levar a uma visão excessivamente simplista e limitada por parte da liderança – quando deveria ser ampla e sistêmica – onde os aspectos humanos, como desenvolvimento pessoal, equilíbrio vida/trabalho e bem-estar emocional deveriam também ser considerados resultados. Certamente que esse padrão se volta contra si mesmo, quando relacionado ao alto índice de adoecimento mental nas organizações, índice de *turnover, quiet quitting* e outros fenômenos organizacionais que observamos nos últimos anos.

Na relação com a equipe, a falta de contentamento se manifesta pela ausência de reconhecimento e apreciação pelo trabalho bem-feito. Se a liderança não reconhecer os esforços e as contribuições da sua equipe, isso trará problemas sérios na qualidade do relacionamento e manutenção da confiança com as pessoas. As cobranças desmedidas tendem a destruir o senso de segurança, prejudicam a possibilidade de conexões autênticas entre as pessoas e geram uma relação tóxica entre líder e liderado. No fim das contas, o baixo nível de contentamento indica uma mentalidade de escassez, insatisfação crônica e dificuldade em encontrar equilíbrio na vida, tornando-se uma prática insustentável.

A relação entre ansiedade e o contentamento

Para a psicologia, a ansiedade é um estado emocional, uma sensação ou humor que se caracteriza pela incapacidade de enfrentar uma ameaça real ou imaginária e está intimamente ligada à emoção do medo (Ekman, 2024). Entretanto, não podemos perder de vista que toda emoção e suas variantes têm a função básica de nos proteger, e com a ansiedade não é diferente. Mas como tudo na vida, o problema está na dose.

Geralmente, o padrão mental da ansiedade está associado a uma preocupação excessiva com o futuro, a uma alta expectativa por algo muito desejado (um novo contrato ou uma promoção), a falta de previsibilidade sobre determinado resultado ou a necessidade de controlar os eventos, podendo levar a pessoa a imaginar cenários negativos e antecipando problemas que podem ou não ocorrer. Baixos níveis de contentamento podem estimular a ansiedade.

Quando descontrolada, pode afetar negativamente o desempenho de lideranças de negócio. Um estudo conduzido pela Universidade da Pensilvânia, nos Estados Unidos, concluiu que a ansiedade era a reação emocional mais intensa nas pessoas quando precisavam negociar. Os pesquisadores perceberam que pessoas ansiosas tiveram expectativas menores, fizeram ofertas iniciais mais baixas, responderam com mais rapidez a ofertas e abandonaram a negociação mais cedo, tendo, naturalmente, resultados piores. Ao tomar decisões impulsivas como forma de tentar controlar uma situação, as lideranças podem fazer escolhas precipitadas e obter resultados abaixo do esperado (Legal, 2016).

Dois outros estudos, conduzidos por pesquisadores norte-americanos, testaram se o fato de fazer as primeiras ofertas influenciaria no sentimento de ansiedade e no nível de satisfação dos negociadores. Os resultados do Estudo 1 mostraram que a estratégia de fazer a primeira oferta levou à diminuição dos níveis de satisfação com o processo e os resultados da negociação. Este efeito foi mediado por sentimentos percebidos de ansiedade. Já o Estudo 2 discerniu que a ansiedade em fazer a primeira oferta derivava de preocupações de autopercepção, representada como ansiedade em ser reconhecido pela parte contrária. Em ambos os estudos, a ansiedade levou os negociadores que fizeram a primeira oferta a ficarem relativamente menos satisfeitos com (o processo em si) a negociação do que os negociadores que não fizeram a primeira oferta, apesar dos maiores ganhos econômicos associados à realização da primeira oferta (Roseta; Kopelman; Abbott, 2014).

No entanto, alguns pesquisadores defendem que a ansiedade não é totalmente inútil. Segundo eles, durante uma crise, a ansiedade (apesar da insônia e de outros desconfortos) pode ajudar a encontrar uma solução razoável para resolver nossos problemas. Mas se não for controlada, ela vai nos gerar distrações, esgotamento e decisões ruins. Para Morra Aarons-Mele – autora do livro *The Anxious Achiever: Turn Your Biggest Fears into Your Leadership Superpower* (O empreendedor ansioso: transforme seus maiores medos em seu superpoder de liderança) –, aqueles que desenvolveram a habilidade de administrar a ansiedade conseguem até tirar algum proveito dela, pois processam as ameaças de maneira diferente, usando regiões do cérebro responsáveis pela ação, reagindo mais rapidamente aos perigos (Aarons-Mele, 2020). Quando canalizada cuidadosamente, a ansiedade pode estimular a liderança a tornar suas equipes mais produtivas e criativas. Particularmente, prefiro chamar essa "ansiedade produtiva" de prontidão cognitiva.

De fato, é impossível não sentirmos ansiedade. O problema é quando a ansiedade se torna tão forte e descontrolada que leva nossa mente a perder vivacidade, funcionalidade e equilíbrio. Fortalecer a auto-observação e o autoconhecimento, aliados a técnicas que favoreçam a presença, como a meditação, torna possível gerenciar a ansiedade e mantê-la no seu devido lugar, canalizando essa energia interna para mais prontidão. Ao cultivar o contentamento, a mente se torna mais equilibrada, focada e atenta ao momento presente.

Felicidade e contentamento

Nos últimos anos, o tema felicidade ganhou uma enorme importância na sociedade ocidental. Desde a febre pela *Eudaimonia* baseada na sabedoria dos filósofos gregos às modernas pesquisas neurocientíficas que identificaram a química da felicidade, o que se busca no final é um método que garanta a tão sonhada felicidade, que, na minha opinião, é simples por sua simplicidade.

O pesquisador da felicidade Shawn Achor – autor de *O jeito Harvard de ser feliz* – observou que muitos de seus alunos de Harvard, apesar das vantagens que tinham em frequentar uma universidade de primeira linha, não se sentiam plenamente realizados, muitas vezes sucumbindo às aflições com o futuro.

> *Eles se sentiam sobrecarregados com cada pequeno contratempo em vez de energizados pelas possibilidades que se abriam para eles. E depois de observar um número suficiente desses alunos se debatendo tanto diante das adversidades, algo ficou claro para mim. Esses alunos não eram apenas o que pareciam suscetíveis ao estresse e à depressão como também suas notas e seu desempenho acadêmico eram mais prejudicados (Achor, 2012, p. 19).*

William James – filósofo e psicólogo norte-americano – também de Harvard, só que dos anos 1870 – afirmou que "ali onde você coloca sua atenção, você cria sua realidade", sugerindo a tese de que a qualidade de atenção é um elemento vital para contentamento/felicidade. Se a atenção está na parte que não pode ser controlada (no caso, o resultado que está no futuro), a sensação de angústia tomará conta da mente. Mas, se a atenção se volta para a parte que se pode controlar (no caso, as ações que estão no presente), a eficácia se estabelece e um fluxo de energia vital se transforma em capacidade de realização. No caso dos alunos de Harvard, a intensa pressão e autocobrança para atingirem a excelência levava suas mentes a um estado de agonia, o que se tornou uma armadilha para o desempenho. Os jovens não são educados e treinados para compreender o potencial do próprio cérebro e encontrar sentido e felicidade genuína na vida. Nem em Harvard, nem em lugar nenhum. Achor afirma que "as mentes entram em colapso pela pressão que recebem, pelas altas expectativas que são impostas" (2012, p. 22).

> *Donos de mentes assim, melhores e mais brilhantes, sacrificaram voluntariamente a felicidade pelo sucesso porque, como muitos de nós, aprenderam que se forem empenhados, serão bem-sucedidos – e só então, quando tiverem sucesso, é que poderão ser felizes (Achor, 2012, p. 19).*

Achor ainda afirma que "pesquisas nas áreas de psicologia e neurociência demonstraram que, na verdade, o que acontece é justamente o contrário: temos mais sucesso quando estamos mais felizes e positivos" (2012, p. 27). Portanto, quanto mais contentamento manifestamos, maior é nosso potencial de realização. Os estudos de Achor sobre o que leva algumas pessoas a terem mais sucesso e prosperidade em ambientes desafiadores concluíram que:

- O cérebro positivo possui uma vantagem biológica em relação ao cérebro neutro ou negativo. Portanto, o contentamento é uma deliberação da pessoa, que exige uma postura de reconhecimento, satisfação e gratidão consigo mesmo;
- A maneira como vivenciamos o mundo e a nossa capacidade de prosperar nele muda constantemente a partir da nossa atitude mental, sendo necessário ajustar nossa atitude mental (ponto de apoio) de maneira a nos dar o poder para atingirmos a realização e o sucesso. Com isso, o contentamento é uma mentalidade passível de ser cultivada e fortalecida;
- Quando o cérebro fica preso a um padrão que foca o estresse, a negatividade e o insucesso, nos condicionamos ao fracasso, sendo necessário treinar o cérebro para que identifique padrões e possibilidade, de modo que possamos perceber – e aproveitar – as oportunidades que encontramos pelo caminho. Desenvolver práticas para se livrar das tensões, do estresse e da negatividade, seja um esporte, meditação, hobbies etc. pode ser uma ótima estratégia para disciplinar o cérebro e construir outros padrões alinhados com o contentamento;
- Diante de uma adversidade, o cérebro mapeia diferentes caminhos para nos ajudar a sobreviver a ela, encontrar o cami-

nho mental que não só nos tira do fracasso ou do sofrimento, mas nos ensina a sermos mais satisfeitos e bem-sucedidos.

- Quando nos vemos em dificuldades e nos sentimos sobrecarregados, nossa lógica cerebral pode ser dominada pelas emoções, sendo necessário desenvolver o autocontrole e autoconhecimento, que são dois domínios da inteligência emocional.
- Se nossa força de vontade se torna fraca e limitada, nos fazendo sentir ser impossível manter uma mudança por muito tempo, tendemos a voltar aos velhos hábitos e sucumbimos ao caminho da menor resistência. Por meio de pequenos ajustes de energia, é possível redirecionar o padrão da menor resistência e substituir maus hábitos por bons; e
- Diante de dificuldades e estresse, algumas pessoas escolhem se isolar e se retirar para dentro de si mesmas. Mas as pessoas mais bem-sucedidas investem nos amigos, colegas e parentes para continuar avançando, por meio de uma rede de apoio que favorece a confiança e a troca de ideias. Conviver com pessoas que inspiram satisfação na vida é uma excelente estratégia para aprendermos a modelar nosso comportamento.

O psicólogo húngaro Mihaly Csikszentmihalyi, criador da Teoria do Estado de Fluxo – ou *Flow* – identificou o que um indivíduo precisa para atingir um estado pleno de satisfação, concentração e motivação para a realização de uma tarefa. Csikszentmihalyi descreve o *Flow* como "um estado de total engajamento, onde as pessoas ficam cem por cento presentes e focadas na atividade que realizam" (Educacross, 2021, s.p.). O indivíduo não tem preocupações com os resultados ou as consequências, não há ansiedades para se chegar a algum lugar, dispõe apenas de um estado de total foco e presença na atividade que realiza. Ele chamou esse estado mental de experiência ideal, um fluxo que nos permite desempenhar com prazer e eficiência tarefas que desafiam as nossas habilidades e que se caracterizam pelo intenso sentimento de alegria e satisfação ao realizar uma atividade, que gera uma experiência de completa absorção nas tarefas, muitas vezes ignorando sensações físicas como fome, cansaço, sede, sono e passagem do tempo. Entretanto, esse estado de envolvimento total depende de certas condições básicas:

- O equilíbrio entre o desafio e as habilidades da pessoa (a atividade não deveria ser tão difícil para fazê-lo desistir, nem tão fácil para levá-lo ao tédio);
- Metas claras; e
- *Feedback* das ações, visando melhorias.

Possibilidade de concentração total na atividade e no momento presente

Taimni (2001, p. 197) afirma que "o resultado do desenvolvimento do perfeito contentamento é a suprema felicidade", que passa a ser uma consequência. Silvio Santos (Senor Abravanel), um dos mais bem-sucedidos empresários e apresentadores da televisão brasileira, teve uma carreira impressionantemente longeva e bem-sucedida, apresentando o seu programa dominical pelo menos até os 90 anos de idade. O que mais chama atenção sobre a personalidade desse grande empresário é a sua simplicidade, empatia e alegria de viver que vemos em suas raras aparições públicas, sem sua persona de apresentador; sempre demonstrou ser uma pessoa extremamente de bem com a vida e com uma extraordinária leveza de espírito. Uma de suas frases retrata bem sua essência como um exemplo de *Santosha:*

> *"Não tenhas vergonha de usar a mesma roupa, não ter um bom telefone, ou ter um carro velho. Vergonha é viver de aparências, tentando mostrar aos outros alguém que tu não és."*
>
> ***Silvio Santos***

Incorporando *Santosha* na liderança

Santosha nos orienta a cultivar uma satisfação ativa na vida. Não tem nada a ver com preguiça, desleixo, falta de compromisso, mas com a lucidez de que a felicidade é se sentir contente consigo mesmo, com seus feitos e realizações. O princípio de *Santosha* inclui o hábito de ver o "copo cheio", de valorizar a gratuidade da vida e encontrar prosperidade além de aquisições materiais. Aqui estão algumas sugestões para incorporar *Santosha*:

- **Pratique e estimule a Gratidão:** Manifeste e incentive a prática da gratidão entre as pessoas da equipe. Podem ser compartilhados momentos positivos ou realizações pessoais e profissionais durante reuniões regulares. Um estudo publicado no *Journal of Personality and Social Psychology,* em 2003, pelos pesquisadores Robert Emmons e Michael McCullough da University of California, demonstrou que pessoas que praticavam a gratidão regularmente relatavam níveis mais elevados de felicidade, otimismo e satisfação com a vida. Além disso, essas pessoas também mostraram uma tendência a se exercitarem mais e a terem menos sintomas de doenças.
- **Treine sua presença:** As práticas meditativas fortalecem o estado de presença, favorecendo uma melhor qualidade na tomada de decisões e na execução de tarefas diárias, reduzindo o estresse negativo e aumentando o nível de satisfação com o trabalho.
- **Comunicação Positiva:** Promova uma cultura de comunicação construtiva com seu time, com base em confiança, incentivando *feedbacks* que destaquem qualidades, virtudes e trabalhos bem-feitos.
- **Cuidado com o Bem-Estar:** Demonstre preocupação com o bem-estar físico e mental dos membros da equipe. Incentive pausas para descanso, exercícios e equilíbrio entre trabalho e vida pessoal.
- **Crie um Ambiente de Confiança:** Estabeleça um ambiente em que os membros da equipe sintam que podem expressar suas

preocupações e necessidades sem medo de julgamentos. Isso promove um senso de segurança, quando as pessoas reconhecem o ambiente de trabalho como um ambiente de apoio emocional.

- **Defina Expectativas Realistas:** Estabeleça metas e expectativas realistas para a equipe. Isso evita a pressão excessiva e permite que todos apreciem as conquistas, por menores que sejam.
- **Promova o Desenvolvimento Pessoal:** Incentive o desenvolvimento contínuo e a aprendizagem. Isso pode ajudar os membros da equipe a se sentirem mais realizados em seus papéis.
- **Reconhecimento e Celebração:** Reconheça e celebre conquistas, tanto individuais quanto da equipe. Isso fortalece o espírito de colaboração e aumenta a satisfação no trabalho.

CAPÍTULO 12

Princípio 8
Tapas (austeridade)

"Quando um homem tem força de vontade, os deuses dão uma ajuda."

Ésquilo

Cultive o agir com base numa firme vontade disciplinada, autodeterminação e zelo em direção aos seus objetivos.

Tapas é um princípio muito especial na tradição do Yoga. Como já dito, aparece duas vezes na obra de Patanjali; primeiro como um dos pilares de *Kriya Yoga* e depois um *Niyama*. *Tapas* é o "desejo ardente de alcançar a perfeição, onde por meio da autodisciplina, busca-se eliminar as impurezas físicas e mentais, permitindo o fortalecimento e desenvolvimento do corpo, da mente e dos sentidos para que a consciência funcione livremente" (Iyengar, 2021, p. 196). No sentido literal do termo, *Tapas* é "calor" e se refere a qualquer tipo de prática que desafie os padrões de hábitos físicos e mentais e, por esse meio, "aqueça" o nosso ambiente interno. Alguns comentaristas dos Sutras a chamam de "autofrustração criativa voluntária" (Feuerstein, 2009, p. 260), o que pode ser compreendido como um intenso rigor consigo mesmo em relação à manutenção de certas práticas – hábitos, atividade física, compromisso inegociável, como com os princípios éticos (*Yamas*), gana para perseguir seus objetivos ou qualquer ação que dependa da vontade – e que, na relação com o exterior, se manifesta com leveza e compaixão. Mahatma Gandhi foi um ótimo exemplo também desse princípio, pois ele era impetuosamente exigente consigo mesmo, mas cuidadoso com os outros. Ao contrário de muitas lideranças disfuncionais que expressam excessiva complacência com seus próprios vícios, enquanto manifestam um alto nível de severidade com os outros.

Quando nos comprometemos com um objetivo qualquer ou assumimos uma responsabilidade, devemos dedicar empenho e diligência para fazer. No entanto, a energia e o entusiasmo no início de qualquer empreendimento ou projeto é imensa, diminuindo com o passar do tempo. Sustentar a energia e o entusiasmo inicial durante todo o empreendimento é um grande desafio para muitos, que tendem a desistir, produzindo uma sensação de culpa e fracasso em não completar o que havia começado. *Tapas* é justamente o esforço firme, consciente e inteligente; uma ação apaixonada em direção a qualquer coisa que tenha se comprometido a realizar até que seja realizada; uma constância disciplinada que não se entrega à preguiça e a distrações. É um comprometimento total. É uma intensidade na perseguição de um ideal, que faz toda a diferença. Na liderança de um negócio, pode ser associado à ideia de "enquanto não se realizar o objetivo não há descanso", estimulando a liderança a buscar os meios criativos para superar as barreiras e os desafios para crescer e realizar.

A palavra ascetismo – que também equivale a *Tapas* – tem origem no grego *askesis,* que significa exercício ou treinamento. A ascese refere-se a um conjunto de práticas ou disciplinas rigorosas adotadas – por um asceta – com o objetivo de alcançar um desenvolvimento espiritual, moral ou intelectual mais elevado. O ascetismo é encontrado em várias culturas, tradições e religiões ao redor do mundo, em que pessoas em vida monástica se dispõem a passar por sacrifícios e rigores como jejum, permanecer desperto por períodos prolongados, renúncia aos prazeres mundanos, práticas físicas intensas e outras formas de disciplina. No contexto dos yogues tradicionais, o ascetismo é uma disciplina espiritual em que o praticante "nega" a si mesmo certos confortos. Mas essas práticas são secundárias em relação ao empenho interior mais importante de não permitir que a mente circule em padrões repetitivos e habituais (Feuerstein, 2006, p. 308). A *Bhagavad Gita* (17.16-19) distingue entre três tipos de ascetismo:

> *Tranquilidade mental, satisfação, silêncio, comando sobre a mente, pureza de atitude [honestidade], isso é chamado de ascese mental.*
> *Dizem que os três tipos de ascese praticados com grande fé por pessoas disciplinadas [e] livres do desejo pelos resultados [outros, que não sejam a preparação da mente] são* sattvikas[9]
> *Aquela ascese que é feita com hipocrisia, com o objetivo de [receber] reverência, honra e adoração, é aqui chamada de* rajasa[10] *[e seu resultado] é perecível [e] incerto.*
> *Aquela ascese que é feita com iludida determinação, com autotortura ou para destruição de outros é chamada de* tamasa[11]

Gautama, o Buda histórico, começou como um asceta radical, que durante seis longos anos "oprimiu" o seu corpo. Entretanto, ele percebeu que para atingir a autêntica liberação e iluminação, teria que trilhar o "caminho do meio", evitando os extremos da rigidez consigo mesmo e a autoindulgência. Ele começou a nutrir o seu corpo e a cuidar dele

---

9 *Sattvika* ou *Sattva* é a qualidade [da natureza] da bondade, pureza e harmonia, associado a verdade, compaixão, conhecimento espiritual, serenidade e virtude. Uma pessoa *sattvika* é aquela cujas ações são guiadas por princípios éticos e espirituais, buscando o bem-estar coletivo.

10 *Rajasa* ou *Rajas* é a qualidade [da natureza] da paixão, desejo e agitação, representando a ambição, desejo por sucesso material e busca por prazer sensorial. Uma pessoa *rajasa* pode ser motivada só por ambições pessoais e impulsos emocionais.

11 *Tamasa* é a qualidade [da natureza] da ignorância, letargia e escuridão. Inclui características como preguiça, ignorância, confusão mental e indulgência excessiva em prazeres sensoriais. Uma pessoa *Tamasa* pode agir de maneira egoísta, sem consideração pelas consequências éticas de suas ações.

de maneira adequada e logo adquiriu um equilíbrio interior que floresceu até o seu pleno despertar espiritual. Seus cinco colegas ascetas, que num primeiro momento não conseguiram compreender sua nova maneira de pensar e de agir, o abandonaram por desaprovar suas práticas. Mas, ao verem o semblante luminoso do Buda desperto, eles se tornaram seus primeiros discípulos (Feuerstein, 2009, p. 260).

Em alguns textos antigos, *Tapas* tem o sentido de "ardência", que quer dizer que, quando estamos trabalhando sobre o corpo e a mente visando modificar alguma coisa, sentimos a sensação de dor, incômodo ou desconforto naturais quando desafiamos nossa zona de conforto. Segundo os *Yoga Sutras* de Patanjali (3.45), o fruto dessa ascese é a perfeição do corpo, o qual se torna (o corpo físico) tão forte e robusto quanto um diamante (Feuerstein, 2006, p. 310). Os ascetas modernos são os inúmeros executivos e empreendedores que encontraram nos esportes de alto rendimento uma forma de expressar a austeridade de *Tapas*, ao adotarem uma rigorosa disciplina alimentar, treinos diários e intensos, assumindo um estilo de vida quase espartano. Todos dizem extrair inúmeros benefícios dessa prática, inclusive no condicionamento mental.

Relação entre *Tapas* e disciplina na liderança

"Existe dois tipos de dor, a dor da disciplina e a dor do arrependimento, garanto que a dor do arrependimento é a mais dolorosa."

Bernardinho

A palavra disciplina tem sua raiz na ideia de instrução e aprendizado, indicando a prática sistemática de adquirir conhecimentos, habilidades ou comportamentos desejados. O esforço dedicado sugerido por *Tapas* comunga da noção do esforço intencional e contínuo em direção a um objetivo específico. A disciplina, quando entendida como a prática regular de aprender e aprimorar habilidades, reflete o compromisso com a autorregulação e a autodireção totalmente alinhado com a filosofia de *Tapas*, que sugere um esforço consciente, inteligente e rigoroso em direção ao crescimento pessoal, profissional, moral e espiritual.

No contexto da liderança reflete o compromisso inabalável, ao esforço contínuo e autocontrolado para enfrentar os desafios, persistir diante das adversidades e manter uma ética de trabalho consistente. Ambos os conceitos também compartilham a ideia de autorregulação e autocontrole, que se traduzem pela capacidade de resistir aos impulsos imediatos em favor de objetivos de longo prazo e constância na busca pela excelência, pelo aprendizado constante e pela melhoria contínua. Lideranças comprometidas com *Tapas* demonstram uma disciplina pessoal consistente, estabelecendo hábitos produtivos, mantendo o foco constante nas metas e a capacidade de resistir a distrações, impulsos prejudiciais e capacidade de resiliência, persistindo mesmo quando as coisas ficam difíceis.

Há muitos bons exemplos de lideranças que demonstram comportamentos compatíveis a *Tapas*. Elon Musk demonstra uma incansável dedicação à inovação e aos avanços tecnológicos, pelo compromisso firme com seus objetivos e uma disposição sem limites na superação de desafios expressivos para o desenvolvimento dos seus negócios. Warren Buffett possui grande disciplina, paciência e constância como parte da filosofia de investimento de longo prazo, refletindo não só este, mas também outros princípios já comentados.

Novamente, Satya Nadella, com sua abordagem centrada em pessoas e ênfase na inovação, demonstra uma disciplina constante no estímulo a aprendizagem contínua. Filha de imigrantes indianos, a norte-americana Leila Janah, fundadora da Sama (empresa de treinamento com foco na anotação de dados para algoritmos de inteligência artificial) e da LXMI (marca de luxo de cuidados com a pele que emprega mulheres marginalizadas nas comunidades rurais do Vale do Nilo), demonstrou em vida um forte compromisso para erradicação da pobreza. Ela dedicou sua carreira a fornecer empregos dignos a pessoas em comunidades de baixa renda, demonstrando um forte compromisso social. Faleceu com apenas 37 anos e deixou um legado maravilhoso (Sama, 2024).

O imigrante turco Hamdi Ulukaya, fundador da Chobani, adquiriu uma antiga fábrica de iogurte da Kraft Foods e começou a produzir iogurtes gregos naturais, sem aditivos artificiais e com altos teores de proteína, indo totalmente na contramão do mercado. O sucesso da Chobani foi estrondoso e a empresa se tornou líder no mercado de iogurte nos Estados Unidos em pouco tempo. A "revolução" que este notável empresário trouxe para a indústria de iogurtes foi baseada em sua abordagem disciplinada para inovação, foco na qualidade do produto, alinhado a uma cultura humanitária nos negócios. Ele implementou políticas que visam à valorização dos funcionários, oferecendo participação nos lucros e compartilhamento de ações para a equipe. Sua disciplinada visão e seu compromisso com a qualidade e responsabilidade social foram fatores-chave no sucesso e na transformação da Chobani na marca líder que é hoje (Ulukaya, 2019).

Os exemplos dessas lideranças demonstram que o princípio de *Tapas* não deve ser confundido com rigidez, um esforço desmedido ou rigor excessivo. É um princípio que nos ensina sobre constância, foco e disposição para impulsionar causas e realizar objetivos significativos.

Esforço inteligente *versus* esforço estúpido

Há uma passagem da minha vida que ilustra bem a ideia de *Tapas* como um esforço inteligente. Eu e meu irmão caçula passamos parte de nossas vidas com uma divergência conceitual. Enquanto eu, um defensor do esforço como meio para as conquistas, ele se posicionava como um devoto da fluidez, avesso ao esforço que considerava quase desnecessário ou até um desperdício de energia. Apesar de, pessoalmente, nunca ter considerado essas ideias antagônicas, todo argumento que eu tentava usar para convencê-lo de que "um pouco de esforço na vida é necessário", era inútil. Em 2022, fizemos uma peregrinação a pé, onde percorremos 160 km por 5 dias, enfrentando todo tipo de terreno, clima e desafios. Nossas conversas foram de altíssimo nível e num dado momento, tivemos um insight. Como poderíamos integrar nossa divergência sobre o esforço, fazendo uma distinção entre o que chamamos de esforço inteligente e o esforço estúpido?

Revisitando a teoria do psicólogo Mihaly Csikszentmihalyi apresentada no capítulo anterior, vamos analisá-la na perspectiva de *Tapas*. Se a eficácia acontece no encontro entre o desafio e as habilidades, nossa energia e nosso esforço se tornam mais funcionais. No entanto, todos sabem que para progredirmos, precisamos extrapolar um pouco a "zona de conforto" (ir para a zona de aprendizagem), pois quando o desafio é um pouco maior do que nossas habilidades, progredimos e crescemos. Quando o desafio é maior que as habilidades – e perdura por mais tempo que o necessário – há estresse (esforço estúpido). Mas quando as habilidades são maiores que o desafio – e dura tempo demais – poderemos sentir tédio. É assim com exercícios físicos, uma peregrinação, estudar outros idiomas ou aprender competências gerenciais.

O esforço estúpido acontece quando insistimos em seguir um caminho que não percebemos significado, que causa sofrimento para nós ou para os outros, que não nos aproxima dos resultados esperados, gera mau humor ou oferece riscos. Teimar em seguir quando as circunstâncias são perigosas, inúteis ou por uma insistência irracional é estupidez. Por outro lado, o esforço inteligente acontece quando reconhecemos e sabemos utilizar as habilidades para realizar o que desejamos e reconhecemos significado. Sentimentos de alegria, humor e leveza estão presentes e servem de combustível para fazer o que precisamos. E se ainda não temos as habilidades, teremos prazer em aprender. Às vezes, para alcançar o que desejamos, é preciso algum esforço extra e, quando consciente, deliberado, a serviço de um propósito e bem pensado, torna-se inteligente e prazeroso.

Muitas vezes, *Tapas* é associado a sacrifício e a ideia distorcida de um ato de privação forçada, renúncia ou mesmo algo penoso. Mas quando estava no Caminho da Fé descobri que cada peregrino tem seu pacto particular para estar ali. Alguns agradecem a cura de uma doença, outros uma graça alcançada ou simplesmente querem se colocar à prova. E por este motivo, são tão respeitados, bem acolhidos e cuidados pelo caminho, que assim como os eremitas, estão numa missão espiritual, e a comunidade do entorno, sentem-se inspiradas pela devoção e admiram o esforço realizado, ajudando a cuidar de quem caminha. Aprendi que sacrifício é edificar, valorizar, dar significado elevado a algo e persegui-lo apaixonadamente. Por isso, quando um objetivo tem significado profundo, devemos torná-lo digno de sacrifício, transformando-o num "ofício sagrado", pois nos fornecerá um "fogo interno", despertará a vitalidade necessária para avançar, a clareza para recuar quando necessário, continuar, reavaliar, pedir ajuda e, enfim, realizar com sabedoria. Sem esquecer de que não fazemos nada sozinhos.

Tapas está mais bem associado ao tesão, ao amor, ao fogo ardente que nos consome quando estamos loucos por algo, seja um projeto, um propósito ou objetivo. É muito mais visceral do que intelectual, mais sentido do que pensado. Assim como quando fazemos uma fogueira, para manter o fogo vivo, de vez em quando precisamos colocar mais "lenha na fogueira" e o combustível de *Tapas* é justamente a disciplina. Precisamos deste ardor, deste movimento disciplinado para conquistar e mais ainda para manter a energia viva para que as coisas se sustentem. Para manter um negócio sustentável é preciso ter tesão por ele, alimentá-lo com inovação constante, estimular o tesão dos clientes pela empresa, tornando-a cada vez mais interessantes por meio do valor que agrega a quem consome a empresa. *Tapas* pode ser o que mantém, mas também o impulso inicial para começar alguma coisa. Quantos de nós já nos sentimos preguiçosos demais para começar alguma coisa, desde um novo projeto até o exercício físico do dia. Às vezes, precisamos de um primeiro impulso para ativar a energia, como "ligar os motores" e começar a fazer que o calor vem.

Incorporando *Tapas* na liderança

Tapas é ação deliberada, esforço inteligente, autodisciplina, ação apaixonada. Quando *Santosha* oferece um estado de contentamento e felicidade, *Tapas* nos estimula a usar nossa potência de vida da forma mais produtiva e intensa possível na direção de nosso progresso pessoal, profissional e organizacional. O princípio de *Tapas* contém o agir com significado, com entusiasmo para realizar e sustentar o que se deseja. Aqui estão algumas dicas para se incorporar *Tapas*:

- **Estabeleça Metas Significativas, Claras e Desafiadoras:** Encontre algo significativo e que te dê tesão de fazer. Depois, defina metas ambiciosas e, ao mesmo tempo, realistas. Estabeleça objetivos claros que exijam esforço e dedicação para serem alcançados.
- **Desenvolva uma Rotina Disciplinada:** Crie uma rotina diária que inclua momentos específicos para o trabalho estratégico, estudo e aprendizado contínuo, tempo para cultivar relacionamentos, momentos para reflexão, descanso e atividades particulares. Mantenha uma disciplina consistente para maximizar a eficiência e a produtividade.
- **Desafie-se e tenha tesão em aprender**: Tenha sede em aprender coisas novas, assuntos diferentes de seu negócio, busque

por outros combustíveis que te auxiliarão na criatividade, na ampliação de sua visão de mundo e no seu entusiasmo pela vida. Busque atividades que te desafiem física e mentalmente (banhos frios, jejum, períodos longos de silêncio, viagens de aventura) podem ser atividades que treinam a sua austeridade, além de fortalecer sua tenacidade e saúde física e mental. Essas "pequenas simulações de estresse" tendem a nos fortalecer diante de situações desconfortáveis e adversidades reais.

- **Priorize o Desenvolvimento Pessoal:** Comprometa-se com o aprendizado contínuo e o desenvolvimento pessoal, participando de forma regular de cursos, leitura de livros relevantes e busca de experiências que ampliem sua perspectiva e visão de mundo.
- **Enfrente Desafios com Resiliência:** Se proponha a desafios como oportunidades de crescimento, encarando-os e encontrando soluções criativas. Quando enfrentamos dificuldades sentimos algum desconforto físico e mental, mas não devemos ter medo de sentir. Sinta sua mente e seu corpo queimando e vai descobrir que isso te fortalece.
- **Crie um Ambiente de Trabalho disciplinado:** Inspire a equipe a promover uma cultura de disciplina, excelência e aprendizado. Estimule a adoção e o cumprimento de acordos, mostre-se comprometido com os valores da empresa e incentive os membros da equipe a se esforçarem para alcançar seus objetivos. O seu exemplo será o melhor estímulo para o seu time.
- **Estimule a Inovação:** Promova inovação e criatividade, incentivando a equipe a buscar constantemente soluções novas e eficazes. Isso exige um esforço constante para melhorar e evoluir.
- **Estabeleça e Mantenha Padrões Elevados:** Defina padrões elevados de desempenho e conduta para si mesmo e para a equipe. Demonstre uma ética de trabalho excepcional, com valores claros e sendo um exemplo do nível de comprometimento necessário.
- **Cultive Relações Significativas:** Invista tempo e esforço em construir relacionamentos significativos com a equipe, parceiros e clientes. Isso requer uma disciplina constante na comunicação e na construção de conexões sólidas.

CAPÍTULO 13

Princípio 9
Svadhyaya (autoestudo)

"Quem conhece os outros é sábio; quem conhece a si mesmo é iluminado."

Lao Tzu

Cultive o estudo e a educação de si próprio, com base na autoavaliação honesta de suas ações, palavras, pensamentos, emoções, crenças e valores, refinando sua mente e identificando áreas de crescimento e desenvolvimento.

Na verdade, *Svadhyaya* tem dupla conotação. No contexto da tradição, o primeiro significado diz respeito ao "estudo das escrituras por si mesmo", sugerindo a autorresponsabilização e autonomia no aprofundamento do conhecimento. O segundo diz respeito ao autoestudo de si, com base no reconhecimento de que somos seres em constante evolução e, por isso, precisamos analisar e rever nosso comportamento continuamente.

> *Ao estudar a sabedoria encontrada nos textos, o yogue também aprende sobre si mesmo, principalmente vendo como sua mente e sua vida ainda não refletem as grandes virtudes louvadas pelos sábios (Feuerstein, 2009, p. 261).*

Partindo do pressuposto de que toda tradição religiosa-espiritual, em essência, visa oferecer e fomentar um conjunto de virtudes e boas práticas fundamentadas num conjunto de crenças, valores e princípios universais, o estudo de suas escrituras é um dever fundamental para quem deseja orientar sua vida com base em certa tradição. Portanto, a Bíblia e a vida dos santos têm valor e devem ser estudadas pelo cristão, assim como a Torá pelo judeu; o Alcorão e as histórias dos mestres sufis orientam um mulçumano; o budista ampara suas práticas e seus conhecimentos nos textos canônicos e o hindu transita pelas histórias e textos vedantinos. Toda escritura, seja ela qual for, funciona como um mapa para o estudante explorar o território íntimo de sua própria mente, aparando o seu próprio caráter como um jardineiro que retira as ervas daninhas, e semeando as virtudes que devem orientar o seu comportamento e estilo de vida. Quando nos damos a oportunidade de conhecer os fundamentos de cada tradição, descobre-se que todas elas, sem exceção, têm como finalidade a edificação do espírito humano.

> *Ainda que um estudo detalhado e completo da literatura [...] seja uma parte integrante de* Svadhyaya, *constitui apenas o primeiro passo. O próximo é uma constante meditação e reflexão sobre os problemas mais profundos que foram estudados, no seu aspecto intelectual, em livros etc. Esta constante reflexão prepara a mente para a recepção do conhecimento real vindo do interior. Produz uma espécie de sucção e dirige o alento da intuição para a mente (Taimni, 2001, p. 182).*

Gandhi tinha um ritual curioso. Todos os dias ao final de seu expediente, ele se submetia a um "tribunal silencioso" onde realizava um diálogo consigo mesmo para um rigoroso exame de consciência, onde confrontava suas ações realizadas com seus valores. Ali, sozinho "com seus botões", analisava sua conduta, seus erros e acertos, e a partir de sua autoanálise, assumia um firme compromisso de se corrigir e "ser melhor amanhã do que foi hoje". Ele manteve um diário extenso, refletindo sobre suas experiências, erros e aprendizados. *Svadhyaya* é esse exercício diário de estudar a si mesmo, descortinar de forma franca a excessiva complacência com nossos próprios comportamentos disfuncionais e abrir espaço para reorganizar nossa mentalidade e atitudes. Esse é um processo crucial para aqueles que desejam crescer espiritualmente e adotar um padrão de liderança mais elevado.

Outro conceito que tem estreita relação com *Svadhyaya* é o domínio pessoal concebido por Peter Senge, que está intrinsecamente ligado ao compromisso que o indivíduo tem com o aprendizado contínuo, buscando constantemente expandir suas habilidades para superar suas próprias limitações. São conceitos que formam uma sinergia poderosa, em que *Svadhyaya* proporciona a base introspectiva e o domínio pessoal a importância da autotransformação contínua para criar uma vida significativa. A qualidade de tudo o que fazemos no exterior está visceralmente associada à nossa qualidade interna. Ser um líder melhor exige uma qualidade humana melhor, não se pode ser condescendente em relação a isso, e *Svadhyaya* cumpre a função do aperfeiçoamento dos próprios pensamentos, emoções e padrões comportamentais na busca pela coerência, em que as lideranças se comprometem em melhorar continuamente como pessoas.

A intuição como consequência do autoestudo

A prática de *Svadhyaya* oferece um alicerce sólido para o desenvolvimento da intuição, muitas vezes definida como a capacidade de compreender algo instantaneamente, sem a necessidade de raciocínio lógico. Essa habilidade aparentemente misteriosa de "saber sem saber" é uma faceta intrigante da experiência humana que, em muitas tradições espirituais e filosóficas, é tida como uma fonte valiosa de insight e orientação, proporcionando uma compreensão além dos limites da razão. Ao cultivar e fortalecer a sua consciência interna por meio de *Svadhyaya*, a liderança se prepara e ganha musculatura para experimentar sua intuição como a manifestação de sua sabedoria interior, que surge como resultado de sua jornada de autoconhecimento.

Svadhyaya prepara a mente do líder para acessar sua intuição de maneira informada e consciente, que passa a refinar sua capacidade de reflexão, lapidando seu comportamento e compreendendo mais profundamente a própria natureza das coisas, adquirindo, assim, uma base sólida para interpretar e confiar em seus insights intuitivos. Tanto *Svadhyaya* quanto a intuição demandam a prática da quietude mental e abertura para revelações que não são facilmente acessíveis através do pensamento analítico, que ajudam a neutralizar a atividade incessante da mente lógica, conectando-a com a fonte mais profunda de sua sabedoria interior. Portanto, o valor de *Svadhyaya* para a intuição é que ela funciona como um filtro crítico, equilibrando a balança com análises racionais e a intuição, ajudando a liderança a discernir quando é um insight intuitivo autêntico ou uma mera projeção da sua mente.

Steve Jobs enfatizava a importância de seguir a intuição e seguir o próprio coração. Como um ávido leitor, ele buscava inspiração em diversas fontes de conhecimento, incorporando uma mentalidade de aprendizado constante. Nelson Mandela, que durante os 27 anos que passou na prisão dedicou tempo à reflexão e ao entendimento de suas próprias motivações e valores, reconheceu o valor da introspecção em sua transformação, o que o tornou uma das maiores lideranças do nosso tempo.

Incorporando *Svadhyaya* na liderança

Svadhyaya é estudo e autoestudo, um processo de investigação profunda acerca de si mesmo e sobre o tema que deseja dominar. Enquanto *Tapas* é a força de vontade em ação, *Svadhyaya* é o refinamento constante, a melhoria contínua do ambiente interno do líder e o aprofundamento no conhecimento. Aqui estão algumas dicas para se incorporar *Svadhyaya*:

- **Autorreflexão Diária**: Reserve um tempo diariamente para reflexão silenciosa. Isso pode ser feito no início ou no final do dia, ajudando a revisar suas ações, decisões e interações.
- **Leitura Reflexiva**: Leia textos inspiradores, filosóficos ou espirituais que incentivem a autorreflexão e aprofundem sua compreensão sobre liderança consciente.
- **Busque por *Feedback***: Procure por *feedback*, mostre interesse em melhorar constantemente. Busque ativamente a percepção de colegas, subordinados e superiores sobre o seu desempenho para entender como suas ações afetam os outros e como você pode melhorar continuamente.
- **Desenvolvimento Contínuo**: Comprometa-se com o aprendizado contínuo. Identifique áreas em que deseja crescer como líder e busque oportunidades de desenvolvimento, como cursos, workshops ou mentorias. O conceito de *Lifelong Learning* – aprendizado ao longo da vida – passou a ter valor como fonte de conhecimento e aprimoramento constante.
- **Mantenha um diário pessoal**: Para registrar pensamentos, sentimentos e insights ao longo do tempo. Isso pode ajudar a rastrear seu progresso no desenvolvimento pessoal e profissional.
- **Questionamento Constante**: Questione suas crenças e suposições. Às vezes, as lideranças podem ficar presas em padrões de pensamento rígidos. Esteja disposto a desafiar essas ideias para um crescimento mais significativo.
- **Compartilhamento de Experiências**: Crie oportunidades para compartilhar experiências com outros líderes. O diálogo aberto e a troca de ideias podem fornecer perspectivas valiosas e insights que beneficiam a liderança de todos. Há grupos colaborativos, dedicados e exclusivos para executivos interessados em auxílio mútuo que ajudam a ampliar habilidades.

- **Criação de Cultura de Aprendizado**: Promova uma cultura organizacional que valorize a aprendizagem e o desenvolvimento pessoal. Isso encoraja todos os membros da equipe, incluindo você mesmo, a buscarem constantemente o aprimoramento.
- **Busque e ofereça ajuda quando necessário**: O estudo de si pode envolver o apoio de um profissional sênior, como um mentor ou da área de saúde mental, como um psicoterapeuta. A mente tem diversas camadas e, para explorá-la com a devida habilidade, devemos aprender sobre nossa dinâmica interna. Procurar um profissional mais experiente para troca de ideias não é sinal de fragilidade, muito pelo contrário, é coragem e força. Como líder, mantenha atenção aos comportamentos da equipe, mantendo abertura para conversas pessoais e prestando o apoio necessário quando necessário. Encoraje sua equipe a se autoconhecer e procurar ajuda profissional quando houver qualquer tipo de vulnerabilidade.

CAPÍTULO 14

Princípio 10
Ishvara Pranidhana
(entrega ao Supremo)

"Senhor, dá-me alma para Te servir e alma para Te amar. Dá-me vista para Te ver sempre no céu e na terra, ouvidos para Te ouvir no vento e no mar, e mãos para trabalhar em Teu nome."

Fernando Pessoa

Cultive a humildade, aceitação e entrega ao Supremo dedicando suas ações e seus respectivos resultados a Ele. Confie na ordem natural das coisas, liberte-se do desejo egoísta e não se apegue a nada.

Chegamos ao décimo e último princípio e, talvez, este possa ser o mais difícil para a maioria das mentes inseridas numa cultura que privilegia o ter. O reconhecimento que, no fim das contas, não temos controle sobre nada, zero garantias, nem sobre nossa própria vida e de que há forças maiores e misteriosas que atuam no campo da existência, pode intimidar algumas mentes. O princípio de *Ishvara Pranidhana* é comumente traduzido como "dedicação ao Senhor Supremo", colocar-se a serviço do Altíssimo, render-se a um poder superior, força divina ou consciência cósmica, dependendo da interpretação filosófica-religiosa que orienta a pessoa.

Não obriga que você acredite ou siga uma doutrina específica (apesar de não ser excludente), pois está mais associado a uma postura, um sentimento e abertura interna em relação aos aspectos enigmáticos da vida. Joseph Campbell, que frequentemente abordava o mistério em suas obras sobre mitologia, disse que "a vida tem um significado apenas no calor do mistério e, além disso, é mistério... não sabemos de onde viemos, não sabemos para onde vamos", abalando profundamente nossas crenças e certezas sobre a condição humana em relação à nossa origem, nosso destino como espécie e o propósito do significado da vida humana. Swami Ajaya, citado por Feuerstein, afirmou:

> *Enquanto estivermos envolvidos com as nossas necessidades, com as ideias de "eu" e "meu", permaneceremos inseguros... O cultivo da entrega e da devoção substitui esse ensimesmamento pela percepção do vínculo que interliga todas as coisas e sustenta todo este universo. A experiência da devoção e da entrega nos deixa abertos à sensação de que há algo cuidando de nós. Percebemos também que temos a capacidade de tornarmo-nos instrumentos da consciência superior, servindo ao nosso próximo e dando-lhe o que nos for possível para ajudá-lo a despertar também (Feuerstein, 2006, p. 310).*

Para uma mente religiosa, pensar nesses termos é uma tendência natural, sem muitas dificuldades. Apesar de muitos empresários, empreendedores, atletas e até algumas culturas organizacionais expressarem abertamente suas crenças em relação à fé, com imagens religiosas em seus ambientes e atribuindo suas conquistas à graça de Deus, este é um aspecto ainda velado. Ainda assim, a noção de *Ishvara* (o Senhor) nas tradições indianas é sensivelmente diferente das concepções do monoteísmo encontradas nas religiões Abraâmicas como Judaísmo, Cristianismo e Islamismo, onde, respeitando as peculiaridades e os princípios de cada uma, todas consideram a ideia da divindade única.

O que é conhecido por Hinduísmo é, na verdade, um conjunto de múltiplas doutrinas espirituais-filosóficas-religiosas, que abordam questões fundamentais sobre a origem do universo, a natureza da realidade e o propósito da vida, com um raro acolhimento pela pluralidade de visões que, sem reservas, convive com a diversidade e os paradoxos que caracterizam os variados pontos de vista (*Darshanas*) dessa rica cultura. A filosofia do Yoga é um deles. Nesse contexto, *Ishvara* pode ser compreendido como uma divindade pessoal, várias formas de deidades (Brahma, Vishnu, Shiva, Ganesha, entre outros), uma entidade cósmica abstrata ou a Inteligência responsável pela criação, manutenção e transformação do universo, acolhendo abordagens monoteísta, politeísta ou panteísta dependendo do ponto de vista em questão.

O Vedanta – uma dessas tradições – explica que para a mente "conhecer a verdade" deve adquirir um conjunto de virtudes, sendo a primeira delas a "discriminação entre o eterno e o não eterno", em que tudo o que é "não eterno" está submetido ao tempo, ao espaço e à forma.

> *O não eterno é limitado no tempo, pois foi criado, teve início e terá, portanto, um fim. Ele tem forma, e tendo uma forma, é mutável e é diferente de todos os outros objetos. Ocupa um lugar no espaço, sendo também, portanto, limitado em termos de espaço (Sankaracarya, 2007, p. 28).*

A concepção de eterno aceita nesta doutrina é *Brahman*, o Único que não está limitado ao tempo, ao espaço e à forma. Arieira comenta que a palavra *Brahman* vem da raiz sânscrita *brh*, que significa ser grande. Como substantivo, significa "O Grande", mas um grande sem parâmetro de comparação, que vai além de qualquer dimensão (Sankaracarya, 2007, p. 28). Então, *Brahman* refere-se ao princípio supremo, a realidade última e transcendental que é considerada como a fonte primordial de todo o universo e formas de vida existentes. É a força procriadora do próprio Cosmo, onde a existência acontece. O equivalente na teologia cristã é a descrição de Deus como onipresente, onipotente e onisciente, e Criador do universo e de tudo o que nele existe, em que nada acontece sem a Sua permissão ou vontade.

O Taoismo chinês é outra tradição que oferece uma belíssima referência. O Tao é o Absoluto e simboliza a força cósmica primordial que permeia e sustenta o universo, descrito como algo que não pode ser definido ou entendido completamente e que está além da capacidade humana de compreensão. É a totalidade, incluindo o visível e o invisível, é o ser e o não ser juntos. Tao apresenta três sentidos, ao mesmo tempo é "caminho", é o "caminhante" e a "ação de caminhar"; por analogia, Tao é, ao mesmo tempo, o Criador, o criado e a criação (Taoismo. org, 2024). Nesta doutrina, o ser humano deveria buscar viver em harmonia com o Tao, seguindo um fluxo natural da vida ao invés de tentar controlar demais as coisas.

Em 1975, o físico austríaco Fritjof Capra escreveu o *best-seller O Tao da Física – um paralelo entre a física moderna e o misticismo oriental,* onde demonstrou, com base na física quântica, o que as tradições orientais já afirmavam há milhares de anos. Entre elas, destaco: (1) a ideia de não separabilidade e a interconexão de todas as coisas; (2) a noção de que tudo está interligado e que não podemos entender completamente uma parte sem entender o todo; (3) a natureza transitória e impermanente da realidade; (4) a importância de ver as coisas em termos de padrões e relações, em vez de ver as coisas isoladamente; e (5) a realidade das dualidades (*Yin e Yang*) que se complementam.

Na perspectiva cristã, a nossa espiritualidade básica parte do princípio de que somos feitos à imagem e semelhança do Criador, mas como é possível compreender essa ideia de forma ampla associando essa condição com uma ideia tão abstrata e subjetiva? Talvez essa analogia possa ajudar. Imagine que você está num enorme salão, com milhares de garrafas de todos os tipos, tamanhos, formatos e cores diferentes. As garrafas estão abertas e vazias e, portanto, o ar que existe dentro de cada garrafa é o mesmo ar que existe no ambiente. Similarmente, cada garrafa representa um ser vivo que habita o planeta, todas as formas de vida. O ar (imaterial) representa o princípio universal, a essência divina, o princípio de *Brahman* ou Tao que está em todos os seres. Essa é a nossa relação com a Inteligência Suprema que está em tudo, mas é imaterial. É uma imensa soberba humana presumir que somente a nossa espécie teria sido criada à imagem e semelhança do Criador, sendo que nossa única – e suposta – diferença é nossa capacidade de ter consciência disso.

Há uma forma bonita e curiosa na qual a turma do yoga e os indianos se cumprimentam, colocando as palmas das mãos juntas na altura do coração e dizendo *Namastê* – palavra sânscrita que significa "minha atenção e respeito a você; o divino que habita em mim, reconhece o divino em você" – indica um singelo reconhecimento de que o outro, assim como eu e você, somos sencientes, merecedores de respeito, cuidados e felicidade, pois viemos da mesma fonte.

Como já explicado no capítulo sobre os *Kleshas*, o desconhecimento, a sensação de separação do Todo, a ingenuidade ou falta de consciência dessa conexão sistêmica que se torna *Avidya* (falta de sabedoria) nos leva a uma alienação crônica sobre a natureza das coisas. Na época de Patanjali, *Ishvara* era muito mais que um simples conceito intelectual, pois os yogues conheciam Sua Presença como experiência vivida (Feuerstein, 2006, p. 315). Nesse sentido, a prática de *Ishvara Pranidhana* também tem a função de dissolução de *Asmita* (egoísmo), pela progressiva fusão da vontade individual com a Vontade do Senhor – Seja feita a Vossa Vontade, não a minha – que elimina a raiz de *Avidya* (ignorância).

Não é possível compreender isso só pelo intelecto e racionalidade científica, mas principalmente pelo conhecimento intuitivo, pela sensação e conexão que se estabelece com a natureza e com a vida interior. Aventuras junto a ambientes naturais isolados ou retiros espirituais ajudam a resgatar essa conexão perdida, pois contribuem para aguçar a sensibilidade da mente, nossa capacidade de contemplação e auto-observação. Joseph Jaworski, autor de livros sobre liderança e aprendizagem organizacional, juntamente com o naturalista e ecologista John Milton organizaram durante anos experiências em que executivos ficavam isolados por alguns dias na natureza selvagem, estimulando com essa prática uma modificação da percepção, a conexão com a natureza em si que resulta em reconexão com a natureza interior, levando esses executivos a compreenderem como suas mentes são capazes de tolerar o paradoxo e ambiguidade da vida porque essa é a sua natureza intrínseca (Jaworski, 2014a, p. 40).

Jaworski compactua que há uma consciência conectiva que permeia tudo no universo, que ele chama de A Fonte e a define como "a origem criativa de toda a gênese e manifestação que opera em total sincronicidade" (Jaworski, 2014a, p. 119). Em seus livros *Sincronicidade* e *A Fonte*, Jaworski aborda a natureza como uma expressão visível dessa Fonte, reconhecendo a importância das lideranças se conectarem com a natureza para acessar sua sabedoria inata. Para isso, precisam dedicar-se a reconhecer a interconexão entre todas as coisas, cultivar uma consciência e uma intuição mais elevada e permitir que a Fonte criativa guie suas ações e decisões no exercício da liderança. Ele afirma que:

> *O universo é uma esfera de totalidade indivisa; tanto o mundo material quanto a consciência são partes do mesmo todo indiviso... a conexão com essa Fonte conduz ao surgimento de novas realidades – descobertas, criação, renovação e transformação. Somos parcei-*

> *ros na expansão do universo... Os seres humanos podem aprender a recorrer ao potencial infinito da Fonte optando por seguir um caminho disciplinado em direção à autorrealização e ao amor, a energia mais poderosa do universo: o caminho pode incluir ensinamentos de antigas tradições desenvolvidas ao longo de milhares de anos, práticas contemplativas e a exposição direta ao processo generativo da natureza (Jaworski, 2014a, p. 7).*

Voltemos um instante à ideia do *Dharma* apresentada no capítulo sobre os princípios éticos. *Dharma* carrega a noção de que cada ser vivo possui um propósito intrínseco e um papel a desempenhar na teia sistêmica da vida. Ao correlacionar o fundamento do *Dharma* com as ideias de Jaworski sobre A Fonte, podemos entender que há uma expressão individual desse fluxo universal da consciência absoluta, em que cada ser, desde uma simples bactéria até a mais complexa das criaturas é a manifestação material dessa Inteligência imaterial. Um animal, por exemplo, é programado por seu instinto para expressar sua natureza inata e contribuir para o *Dharma* sendo o que é. Mas o animal humano – uma criatura complexa – apesar de sofrer uma relativa influência de seus próprios instintos, tem a prerrogativa de exercer o seu livre-arbítrio, pelo menos, parcialmente.

A parábola Zen sobre a gota e o mar oferece um gracioso ponto de vista. A gota d'água – que representa a consciência individual – cai do céu e mergulha no oceano, a Inteligência Suprema. A gota possui uma identidade distinta e uma percepção limitada de si mesma, sentindo-se separada do oceano. Mas quando a gota finalmente se funde com o oceano, ela se dissolve e se torna una com a vastidão e a profundidade do mar. Nesse momento, a gota percebe que sua individualidade era apenas uma ilusão temporária e que, na verdade, sempre esteve intrinsecamente conectada à natureza do oceano. Enquanto nossa percepção permanece obstruída pela ilusão, egoísmo e ignorância o entendimento do *Dharma* também fica obscurecido.

Ishvara Pranidhana na liderança

As vovós são representações da sabedoria raiz que, muitos de nós, tivemos o privilégio de conviver. A minha avó paterna foi um raro exemplo de fé e do deixar fluir. Quando garoto, me lembro dos seus momentos de conexão com Deus quando todos os dias, às 18h, ela se recolhia em seu quarto para suas orações. Se o *Kriya Yoga* fosse ensinado por uma avó, certamente ela ensinaria assim:

— Meu filho, para você conseguir algo na vida, precisa se dedicar e se esforçar (*Tapas*), mas também precisa estudar muito (*Svadhyaya*)... faça tudo o que é preciso e foque no que depende de você, mas... entregue nas mãos de Deus (*Ishvara-Pranidhana*), pois só ele sabe de seu merecimento.

Num aspecto prático, dedicar as ações ao supremo significa relaxar, soltar. A renúncia aos resultados da ação (*Ishvara-Pranidhana*) articulada com o esforço concentrado (*Tapas*) e aplicação do conhecimento (*Svadhyaya*) potencializam a qualidade da ação, uma lição que encontramos na *Bhagavad Gita* (5.10-12):

> *Aquele que, tendo abandonado o apego, faz as ações oferecendo-as a* Ishvara *não é tocado pelo resultado negativo das ações, assim como a folha do lótus [não é tocada] pela água.*
> *O* karmayogin *(praticante da ação desinteressada e consciente) abandonando os frutos das ações, alcança a paz, que nasce da dedicação à vida de* yoga *(conexão). [Ao contrário], aquele que não é dedicado ao* karmayoga, *que é impulsionado pelo desejo [e] apegado ao fruto da ação, está aprisionado.*

Quando percebemos que os resultados são apenas consequências de ações bem-feitas, não alimentamos mais ansiedade por eles. Enquanto os quatro *Niyamas* anteriores revelam a receita para agir com excelência, o quinto nos revela a postura ideal de despojamento, de entrega de nossa realização para esse "algo maior" – verdadeira criadora de tudo o que existe – libertando a mente do líder da ganância, do orgulho e do egoísmo, que fortalece sua humildade e confiança no fluxo da vida. Mais uma vez, a cultura do "foco em resultados" que prevalece em boa parte das organizações tem gerado mais ansiedade, estresse e adoecimento do que bons resultados no sentido amplo do termo. *Ishvara-Pranidhana* também pode ser entendido como "colocar suas expectativas no seu devido lugar", atuando como um antídoto para o excesso de expectativas generalizado que muitas culturas organizacionais alimentam em relação aos resultados, que, no fim das contas, mais atrapalha do que ajuda, como exemplificado no caso dos atletas.

Exemplos corporativos

A Weleda, uma organização suíço-alemã fundada em 1921, foi a primeira empresa instituída com base nos princípios da Antroposofia[12], um movimento cultural e espiritual que explora as conexões. Seus fundadores – Rudolf Steiner, o criador da Antroposofia; Ita Wegman, uma médica holandesa e fundadora da Medicina Antroposófica, e Oskar Schmiedel, um farmacêutico e cientista goethiano – tiveram o propósito de encontrar novas soluções para a medicina e os cuidados com a pele por meio de um olhar ampliado e integrado entre as pessoas e a natureza, com base nos princípios antroposóficos. A partir deste propósito comum, a Weleda se tornou referência mundial em medicamentos antroposóficos e cosméticos naturais orgânicos, presente em mais de 50 países (Weleda, 2024).

12 Movimento espiritual fundado por Rudolf Steiner. O termo tem origem no grego *anthropos*, que significa "ser humano", e *sophia*, ou seja, "sabedoria", e pode ser traduzida por "sabedoria sobre o ser humano". Tem como proposta levar o ser humano a se conhecer, relacionar-se com o mundo que o cerca, perceber as relações entre o humano, a natureza e o universo. Em relação a saúde, propõe uma abordagem holística considerando não apenas o corpo físico, mas também os aspectos espirituais e psicológicos do ser humano. Forte influência na educação (método Waldorf) e na medicina antroposófica.

Inspirados por uma filosofia de "proteger a Terra e tornar a vida melhor para as pessoas e a natureza", a Weleda adotou uma abordagem distinta nos negócios, com um profundo respeito pela natureza. A empresa cria produtos que buscam a harmonia com os processos naturais, assumindo um compromisso com a produção sustentável pelo uso de materiais recicláveis em suas embalagens. Nos produtos, bastante diferenciados, utiliza apenas ingredientes orgânicos, além do forte senso de responsabilidade social e ambiental em suas práticas.

A Azul Linhas Aéreas foi fundada em 2008 pelo brasileiro-americano David Neeleman, um dos homens mais ricos do Brasil e dono de outras companhias bem-sucedidas espalhadas pelo mundo. O que poucos sabem é que Neeleman é membro da Igreja de Jesus Cristo dos Santos dos Últimos Dias, comumente conhecida como a Igreja Mórmon. Embora não haja qualquer referência explícita dessa influência em suas empresas, é bem possível que sua mentalidade como empreendedor tenha sido modelada por sua fé, orientando o seu *ethos* pessoal e profissional como gestor, o que certamente moldou os valores e a cultura de suas empresas. A Igreja Mórmon enfatiza princípios como trabalho duro, honestidade, gestão, integridade, cooperação, compartilhamento, responsabilidade pessoal e social, orientando os seus seguidores a manterem-se longe dos perigos da vaidade, da ganância e do materialismo desenfreado. Apesar disso, são prósperos e preservam sua riqueza com base em princípios de benevolência. Numa entrevista, Neeleman afirmou "eu abomino as pessoas que pensam que são melhores que as outras porque têm mais dinheiro... isso é desprezível" (Destro, 2018, s.p.).

No livro *O Jeito Mórmon de Fazer Negócios*, Jeffrey Benedict explora de forma mais ampla os princípios éticos dessa doutrina aplicados à gestão de negócios empresariais de sucesso, onde a busca pelo lucro financeiro está sempre alinhada e equilibrada ao bem-estar pessoal e o impacto positivo na comunidade. O livro apresenta entrevistas com outras lideranças mórmons como Stephen Covey (cofundador da FranklinCovey, autor de livros de liderança, como Os 7 *hábitos das pessoas altamente eficazes*), J. Willard Marriott (Fundador da rede de hotéis Marriott International), Clayton Christensen (professor de inovação disruptiva da *Harvard Business School*), entre outros.

A conexão entre a espiritualidade corporativa e a agenda ESG

Fritjof Capra afirmou que "uma comunidade sustentável deve ser desenvolvida de forma que a nossa forma de viver, nossos negócios, nossa economia, tecnologias, e estruturas físicas não interfiram na capacidade da natureza de sustentar a vida" (Instituto Humanitas Unisinos, 2013, s.p.). A noção de que tudo é sistêmico/holístico, interconectado e interdependente, e de que somos parte do ambiente natural, deveria ser suficiente para despertar as lideranças a considerar o bem-estar de todos os seres vivos e do planeta em suas decisões de negócio.

A partir da década de 2020, o conceito de ESG (Environmental, Social and Governance) se tornou um tópico central nas práticas de negócios em todo o mundo. O conceito tem raízes na década de 1960, quando as empresas começaram a se preocupar com os investimentos socialmente responsáveis e, aos poucos, inserindo questões que ganharam relevância como a preservação do meio ambiente, sustentabilidade e governança corporativa. O ESG vincula o desempenho financeiro de uma empresa aos impactos ambientais, sociais e sua governança corporativa, visando basear o crescimento e o desenvolvimento na sustentabilidade, permitindo que o progresso seja acompanhado de impactos benéficos para pessoas, sociedade e meio ambiente (no mínimo, causar o menor impacto possível). Em tese, empresas que adotarem essa abordagem serão reconhecidas como mais responsáveis e sustentáveis, melhorando o seu desempenho no longo prazo (HUB ESG, Alagev, 2024).

A agenda ESG está alinhada com a Agenda 2030 – o plano global das Nações Unidas – que estabeleceu, a partir de 2015, os 17 Objetivos de Desenvolvimento Sustentável (ODS) que cobrem uma vasta gama de questões importantes envolvendo os desafios das pessoas e suas comunidades nas diferentes necessidades, valores e convicções; desde combate à pobreza, desigualdade social, mudanças climáticas, degradação ambiental, paz e justiça, saúde, educação, entre outros desafios. Muitos reconhecem que essa visão sobre sustentabilidade e outros temas sensíveis de fato precisa acontecer, mas há uma insatisfação de muitos stakeholders com a lentidão em relação ao progresso das ações propostas.

Nessa esteira surgiu em, 2021, o movimento IDGs – *Inner Development Goals* (Objetivos de Desenvolvimento Interno), uma iniciativa que começou nos países nórdicos com o propósito de promover e estimular as habilidades transformacionais para o desenvolvimento sustentável, pautada em cinco dimensões e vinte e três competências que consideram necessárias para as lideranças suportarem e acelerarem as transformações da Agenda 2030. O manifesto do IDG afirma que "existe uma visão do que precisa acontecer em relação a sustentabilidade, mas o progresso nessa visão até agora tem sido decepcionante, pois nos falta a capacidade interior para lidar com nosso ambiente e com os desafios cada vez mais complexos" (Inner Development Goals, 2024, s.p., tradução do autor).

1 SER	2 PENSAR	3 RELACIONAR	4 COLABORAR	5 AGIR
Relação consigo	Habilidades cognitivas	Importar-se com os outros e com o mundo	Habilidades sociais	Liderar mudanças
Bússola interna Integridade e autenticidade Receptividade e mentalidade de aprendiz Autoconsciência Presença	Pensamento crítico Percepção da complexidade Perspectiva Significação Orientação em longo prazo e visão	Apreciação Conexão Humildade Empatia e compaixão	Comunicação Cocriação Mentalidade inclusiva e competência intercultural Confiança Mobilização	Coragem Criatividade Otimismo Perseverança

Figura 7: Cinco dimensões e 23 competências IDG, traduzido pelo autor.
Disponível em: https://innerdevelopmentgoals.org/framework/.

As competências prescritas pelo IDG ampliam, em outras palavras, os princípios de *Yamas* e *Niyamas*. São competências que acionam os princípios éticos e a ação para implementá-los na vida prática, sugerindo um movimento que parte do interno e transborda para o ambiente. Isso comprova a ideia de que a mudança essencial começa no interior das pessoas, o que exige uma transformação da própria mentalidade e um compromisso franco com as boas práticas corporativas que só o indivíduo consegue fazer.

Como o movimento começou nos países nórdicos como Suécia, Finlândia, Noruega e Dinamarca, é notória a excelência educacional desses povos em relação aos valores como cooperação, cultura empreendedora, critério científico, artes e espiritualidade. A construção de mentes críticas e ao mesmo tempo sensíveis que estejam aptas para progredir materialmente com senso de sustentabilidade é fundamental para o nosso futuro como espécie. Particularmente, sempre acreditei no potencial transformador promovido pelas empresas, especialmente em países onde a educação básica é tão atrasada em relação a esses princípios. Programas educacionais que incentivem a reflexão crítica sobre as questões ambientais e sociais, bem como a prática de valores como a solidariedade, a ética e a responsabilidade social podem ser uma alternativa viável para acelerar esse processo.

Quando se fala de espiritualidade corporativa, estamos falando de espiritualidade das pessoas que fazem parte daquela comunidade. E, de forma simples, como já exploramos neste capítulo, a espiritualidade é o senso de significado e propósito na vida, que pode ser alcançada por meio da conexão com algo maior do que nós mesmos, como a própria natureza, a humanidade e o Universo. Apesar de ser um tema aparentemente distante do pragmático mundo dos negócios, vejo-o como parte integrante e necessária para os avanços da agenda ESG, justamente por propor a ampliação do nível de consciência das pessoas, por meio da educação e convivência com valores, virtudes e princípios elevados. É uma distorção acreditar que a incorporação de tais princípios nas práticas de negócio indicaria abdicar da prosperidade. Muito pelo contrário, pois prosperidade sem sustentabilidade é como sucesso financeiro sem saúde.

A sensibilização das mentes e dos corações por meio da educação e da convivência com a natureza é a forma mais eficaz para induzir as pessoas a amarem a vida, amar a si mesmo, amar o meio onde se vive, para que estejam atentas às maravilhas do nosso entorno.

Incorporando *Ishvara Pranidhana* na liderança

Incorporar *Ishvara Pranidhana* na liderança envolve adotar uma abordagem mais holística e espiritual para o papel da liderança, buscando inspiração de uma fonte transcendental ou superior, mas também aprender a entregar e se libertar da necessidade de controle sobre os acontecimentos. É um ato de relaxamento e confiança no que está por vir, que complementa todos os princípios anteriores.

- **Dedicação ao propósito maior**: Comprometa-se com um propósito ou visão que transcenda os interesses egoístas, alinhando a prosperidade com o bem-estar de todos os Stakeholders e a preservação do meio ambiente.
- **Aceitação e humildade**: Aceite a realidade com humildade, reconhecendo que nem sempre podemos controlar todos os resultados, mas podemos influenciar positivamente através de ações éticas e conscientes.
- **Responsabilidade ética**: Assuma responsabilidade total de suas ações, decisões e os resultados delas, preservando a consciência de que a ética é o bem comum.
- **Desapego, entrega e confiança**: Entregue os resultados de suas ações ao bem maior, confiando que, ao seguir princípios éticos e orientações morais, os resultados serão positivos em longo prazo. O senso de desapego em relação aos resultados não significa descaso com suas responsabilidades ou a falta de compromisso com a excelência, mas apenas reconhecer que nem sempre podemos controlar os resultados, mas podemos influenciar o processo. Faça o que tem que ser feito e entregue os resultados das suas ações ao Supremo, com gratidão, vendo além das aparências. Quando tudo estiver alinhado e conectado, os resultados aparecerão.

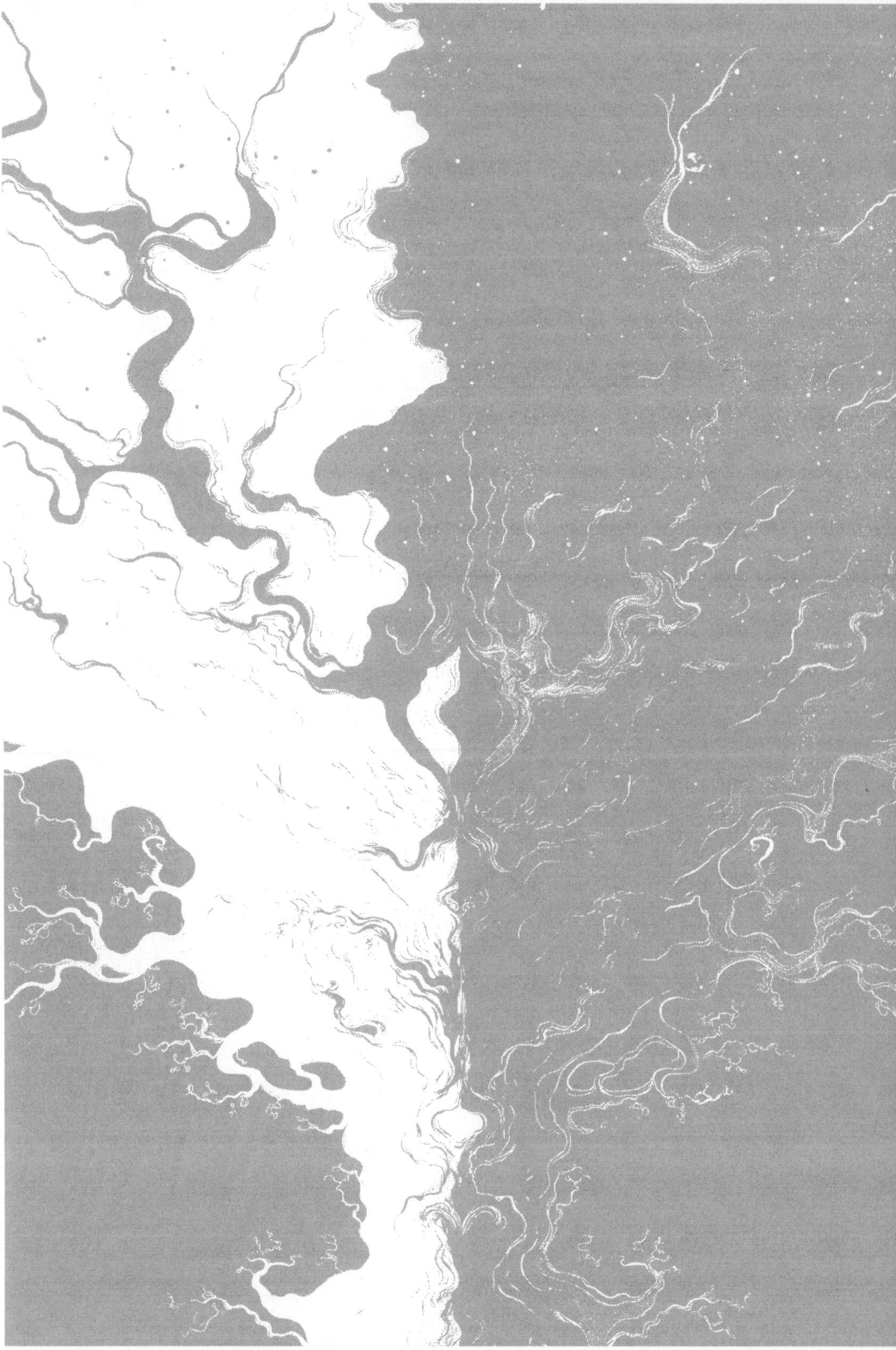

CAPÍTULO 15

Princípio 11 A Meditação

"Uma mente calma e clara pode ser de grande utilidade, mas turbulenta e fora de controle pode causar grande dano a nós mesmos e aos outros."

B. Alan Wallace

Apesar de não ser um livro sobre meditação, resolvi escrever um capítulo sobre o tema por dois motivos. O primeiro visa esclarecer que a meditação é parte integrante do Yoga, e o segundo, devido à crescente disseminação da meditação nos ambientes organizacionais, acadêmicos, educacionais e esportivos, tem sido abordado de forma simplista demais.

Devemos lembrar que o objetivo último do *Ashtanga Yoga* – oito passos – apresentado nos *Yoga Sutras* de Patanjali é a plenitude, que pode ser entendida como um estado de conexão com a vida, liberdade interna e felicidade genuína. O processo é um progressivo encadeamento de práticas que se inicia pelos *Yamas* (disciplinas éticas) e *Niyamas* (disciplinas íntimas), que, como descobrimos, visa balizar a conduta do yogue para gerar equilíbrio e harmonia na vida, preparando-o para avançar nos próximos níveis. Na sequência, os *Ásanas* (posturas físicas) preparam o corpo para a estabilidade, habilitando o praticante para permanecer sentado – firme e confortavelmente – sem que o corpo se torne um impedimento para o seu progresso. Os *Ásanas* geram capacidades físicas como força, flexibilidade e resistência que são necessárias para a permanência na postura por um período adequado para explorar o conteúdo de sua mente. A quarta etapa é conhecida por *Pranayamas* (disciplinas respiratórias), que são práticas especiais de manejo da energia vital (prana) que circula pelo corpo. Este é um elemento importante, pois a respiração tem uma estreita conexão com as nossas emoções e, no Yoga, saber dominar a respiração é também dominar as emoções. O quinto passo é chamado de *Pratyahara* (introspecção dos sentidos da visão, audição, tato, paladar e olfato). Como os sentidos são os portais que conectam nosso mundo interno com o externo, *Pratyahara* é como um "bom porteiro", capaz de guardar os sentidos dos estímulos externos que causam distrações. É um processo de autoeducação dos sentidos, que prepara a mente para a concentração. O sexto, sétimo e oitavo passos são conhecidos respectivamente por *Dharana* (concentração), *Dhyana* (meditação) e *Samadhi* (plenitude) que representam níveis de aprofundamento da atenção contemplativa que conhecemos por meditação.

Figura 8: Estrutura do *Ashtanga Yoga* – 8 passos.
Fonte: Elaborada pelo autor.

Atualmente há uma boa variedade de técnicas meditativas disponíveis, porém nem todas seguem uma estrutura tão rigorosa quanto a do Yoga. Não que isso seja obrigatório, mas a construção de uma casa não deveria começar pelo telhado. Se é uma regra para uma construção, por que não seria para edificar o amadurecimento espiritual de uma pessoa?

Reconheço que a crescente popularização da meditação trouxe muitos benefícios, mas também alguns desafios. Um exemplo é a incrível quantidade de tecnologia disponível por meio dos aplicativos para celular, que se propõe a ofertar conceitos e técnicas, mas que seduzem os usuários com uma excessiva variedade de métodos, muitas vezes priorizando a quantidade e a superficialidade em prejuízo da qualidade e do aprofundamento.

A professora Lia Diskin sempre alertava sobre os perigos do utilitarismo que, na minha opinião, também tem se manifestado, entre outras formas, pela oferta de métodos e práticas extremamente diluídas, com tempos reduzidíssimos visando a uma exagerada adaptação da meditação às capacidades dos praticantes. A meditação é para todos, mas nem todos são para a meditação, pois ela exige certa preparação. O próprio Patanjali alertou, no Sutra I.30, sobre os obstáculos para o progresso do praticante.

> *Enfermidade, falta de interesse ou indolência, dúvida persistente, negligência, orgulho ou descuido, preguiça, indisciplina dos sentidos, viver em um mundo de fantasia, falta de perseverança e estagnação na prática (Iyengar, 2021, p. 124).*

As promessas de que a meditação vai melhorar a performance profissional é mais uma das falácias modernas. A meditação não está a serviço da performance, mas da pessoa que busca uma melhoria na sua condição humana, na sua compreensão da vida ampliando sua autoconsciência, autogovernabilidade e autorresponsabilização. Mas se pensarmos em tudo aquilo que pode prejudicar a nossa vida, como a tensão, a agitação interna, o estresse descontrolado, a ansiedade excessiva, a impulsividade e a falta de cuidados com a saúde e compreender que a qualidade de tudo o que fazemos depende da qualidade do que somos, a performance será apenas uma consequência natural do conjunto de bons hábitos, do autocuidado e da disciplina, aliados a um estado interno qualificado e de prontidão cognitiva que o treino consistente da meditação proporciona. Essa abordagem parece-me mais honesta.

Se meditação, num aspecto mais fundamental é nada mais que focalizar nossa atenção, precisamos entender que temos dois tipos de atenção – a externa e a interna. A atenção externa diz respeito às tarefas do momento, como ler um documento, elaborar um relatório, atender um cliente, conduzir uma reunião, realizar uma venda ou negociação, e você precisa estar inteiro na atividade para fazê-la bem. Por outro lado, a atenção interna diz respeito ao estado de consciência do agente, a sua capacidade reflexiva e sua presença. E essas duas atenções são importantes, cada uma tem um lugar em nossas vidas, mas é a qualidade de atenção interna que viabiliza, sustenta e fortalece a externa, tão necessária para desempenhar bem nossas atividades cotidianas. Por isso, cultivar uma prática formal de meditação, aplicando uma técnica específica, com total autonomia, proporcionará o refinamento da atenção interna, da auto-observação, da desaceleração e da paz de espírito, que fortalece a atenção externa.

A prática formal da meditação, que explora a atenção interna, também estimula e fortalece o que se chama de atenção propositiva, aquela que nasce do neocórtex. Este é um tipo de atenção mais refinada, reflexiva, autoconsciente, deliberada, empática e que desenvolve melhor presença e maestria da liderança. Por outro lado, diminui a influência da reatividade, que nasce no cérebro límbico e é responsável pelo impulso, pela agilidade e por respostas automáticas e irrefletidas. A maestria da liderança repousa justamente na habilidade de analisar o contexto que enfrenta e saber escolher as ações (atos e palavras) que melhor impacto vai gerar para si, para o outro e para o negócio. Goleman chama a atenção propositiva de "atenção descendente" e a atenção reativa de "atenção ascendente" e ambas têm sua função e importância na vida.

Quando me perguntam "o que vou ganhar ao começar a meditar?", minha resposta é sempre com outra indagação "sinceramente, eu não sei exatamente o que você vai ganhar, mas já pensou no que você poderia perder ao deixar de aprender?". Em Gálatas, 5: 22,23, Paulo afirma "Mas o fruto do Espírito é: amor, alegria, paz, longanimidade, benignidade, bondade, fidelidade, mansidão, domínio próprio" (Almeida, 2000) e talvez essas sejam as transformações mais significativas que a prática da meditação aliada ao cultivo dos princípios de *Yamas* e *Niyamas* possam promover para o crescimento de um indivíduo. E são justamente as pessoas de nossa convivência que primeiro perceberão nossas transformações, antes mesmo de nós. Pesquisas científicas também comprovam os benefícios da meditação para diminuição do estresse, da ansiedade, do déficit de atenção, da depressão e da insônia. As práticas de meditação proporcionam uma melhor compreensão e intimidade com nossas emoções, pensamentos e sensações, criando um espaço interno de governabilidade e coerência.

Mas a meditação só vai surtir efeito quando houver desapego em ganhar alguma coisa com ela e quando for incorporada como um hábito diário. É como inserir um programa de exercícios físicos na rotina, em que o resultado será proporcional ao nível de engajamento aos exercícios. Praticar meditação, de forma regular, disciplinada e consistente, qualifica nossa experiência na vida e melhora nossas capacidades cognitivas, nossa inteligência emocional e superação das armadilhas do piloto automático que nos afasta da eficácia na vida.

Um líder precisa ser lúcido, o que no meu entendimento significa harmonizar o senso de realidade com sensibilidade. A lucidez possibilita ver os eventos com mais clareza, enxergar claramente os impactos das nossas ações antes de realizá-las e ter uma mente realista. Um líder precisa ser equânime, o que significa manter a serenidade diante de qualquer evento, seja ele agradável ou desagradável, observando objetivamente os eventos, sem reagir impulsivamente (por apego ou aversão) diante de um acontecimento. E a meditação cria um espaço interno de reflexão e auto-observação que nos permite escolher a ação mais eficaz e adequada para determinado contexto. Equanimidade é a base mental para a resiliência, que qualifica a pessoa a superar adversidades e mudanças inesperadas.

Um líder precisa abraçar os paradoxos, e a meditação é um tanto paradoxal. Eu realmente progredi em minha prática quando entendi essa lição, ao perceber que a potência da minha concentração era proporcional a minha capacidade de relaxamento e minha estabilidade física acontecia ao conseguir soltar toda tensão. Assim como a criatividade emerge quando nossa mente está relaxada, solta e em paz.

Conclusão

"O conhecimento tem de ser melhorado, desafiado, e aumentado constantemente, ou vai desaparecer."

Peter Drucker

O mundo, as pessoas, a dinâmica dos negócios, as tecnologias e a mentalidade das lideranças passaram por intensas transformações nos últimos anos. Quais mudanças nos aguardam no futuro? Quais habilidades serão necessárias para que possamos dar conta das novas realidades que nos aguardam? Em cenários tão voláteis, em que estamos nos apoiando?

Os princípios antigos apresentados neste livro visam oferecer esse apoio. São princípios atemporais e nunca foram tão atuais, pois visam oferecer um alicerce interno para os desafios modernos. Eles são esculpidos e aperfeiçoados na intimidade de cada um, pelas ferramentas do discernimento, da reflexão e do pensamento que proporcionam o fortalecimento de nosso estado interno para agir com maestria e a serviço do todo. É uma escolha diária, pois todos nós precisamos de princípios para orientar nossas ações e decisões, especialmente quando o mundo pede por lideranças mais éticas e conscientes, que estejam disponíveis para servir a propósitos mais nobres e aptas para responder adequadamente aos desafios organizacionais, sociais, humanos e ambientais.

A reflexão fundamental deste livro não é exigir das lideranças uma conduta perfeita – pois isso é uma tarefa impossível – mas levá-las a observação de que a todo momento estamos fazendo uma escolha entre o vício e a virtude. Como você, exercendo seu papel de líder, vivencia os seus dilemas e desafios cotidianos e para qual lado a balança está pendendo? Assim como o guerreiro Arjuna, somos convidados a assumir a responsabilidade no campo de batalha da vida e fazer a melhor escolha possível, independentemente das circunstâncias vividas. O discernimento e os princípios são as armas para o herói da *Gita*, assim como deveriam ser também para todos nós comprometidos em exercer uma liderança consciente para fazer do nosso mundo um lugar melhor para todos.

Sobre o Autor

Carlos Legal começou a estudar e praticar Yoga formalmente em 1990, aos 19 anos. Encantado pela assertividade e visão integrativa do método, explorou diversas técnicas corporais e estudos filosóficos como recurso para seu desenvolvimento pessoal. Desde o início foi seduzido pelos *Yamas* e *Niyamas*, comprometendo-se a exercitá-los para edificar seu temperamento e sua inteligência emocional. Aprofundou seus estudos realizando diversos cursos de formação de professores e começou a ensinar.

Entre os anos de 1993 e 2000 atuou na área de recursos humanos da Nestlé Brasil, conciliando com as aulas de Yoga que ministrava em clínicas e escolas especializadas. Na empresa, a pedido de colegas, ensinou técnicas respiratórias e meditação. Foi convidado para integrar um grupo de estudos multidisciplinar sobre qualidade de vida e bem-estar no trabalho, que foram a base do Programa Nestlé de Qualidade de Vida. Essa experiência o despertou para idealizar o PYT® alguns anos depois. Desligou-se da empresa para empreender na área de educação corporativa e qualidade de vida no trabalho.

Em 2001, fundou a Legalas e, simultaneamente, começou, junto com seu irmão, os desenhos do PYT®. Por dois anos, percorreu a maioria dos congressos brasileiros de saúde no trabalho, estresse e qualidade de vida para apresentar a ideia. Entre 2002 e 2014, com uma equipe de outros professores, realizou implantações bem-sucedidas em organizações como Sabesp, S. B. I. B. Hospital Albert Einstein, Unilever Brasil, Roche, Reckitt

Benckiser, Seguros Unimed, Dow Brasil, SESC-SP, entre outros. O PYT® levou o yoga para milhares de pessoas, tornando-se referência na área de saúde corporativa. Em 2005, cofundou a Vila Yoga, um espaço de saúde e conhecimento localizado na zona norte de São Paulo.

Em 2010, enquanto cursava a pós-graduação em gestão estratégica do conhecimento e da inovação no Senac-SP, ingressou na formação em multiplicadores de meditação na Associação Palas Athena, sob orientação da Profa. Lia Diskin, intencionando aplicar a meditação em seus programas de desenvolvimento de lideranças.

Em 2014, ingressou como professor convidado na Fundação Getulio Vargas, para implantar a disciplina qualidade de vida e saúde corporativa no MBA em gestão estratégica e econômica: Recursos Humanos, sob coordenação da Profa. Denize Dutra. Depois, apoiou o desenho da ementa da disciplina saúde corporativa e *mindfulness* do MBA em gestão de pessoas: desenvolvimento humano de gestores, sob coordenação do Prof. Edmarson Bacelar Mota. Desde então, vem participando como professor de liderança e temas comportamentais em diversos outros programas da instituição, como MBAs, Formação de Conselheiros, C-Level e CEO, além de cooperar em vários programas *in Company*, como professor e coordenador acadêmico.

Idealizou o Retiro Mindful Leadership (www.mindfulleadership.com.br) voltado para lideranças organizacionais interessadas em fortalecer sua resiliência, capacidade de inovação e preparação para encarar os desafios de um mundo em constante transformação. Pela Legalas, tem desenvolvido projetos de aprendizagem e capacitação de lideranças e mentoria individual.

Coautor do livro *Recursos Humanos: transformando pela gestão*, publicado pela FGV Editora, para o qual contribuiu com o capítulo sobre Saúde Corporativa.

Contato com o autor

Sobre a Legalas

A Legalas tem o propósito de gerar um impacto edificante nas pessoas e nas organizações.

Existimos para fazer crescer a vida e os negócios de nossos clientes, apoiando-os em suas demandas de aprendizagem e desenvolvimento. Atuamos em:

- Palestras;
- Educação corporativa;
- Educação executiva;
- Projetos de mentoria; e
- Programas de gestão emocional com base em meditação.

Nossas soluções pretendem fortalecer o ser humano de forma integral, apoiando-os a descobrir e conectar-se com seu potencial, talentos, inteligências e competências para saber agir com agilidade e qualidade diante da complexidade organizacional, construindo prosperidade e resultados satisfatórios com saúde emocional e sustentabilidade.

Estamos localizados em São Paulo e atendemos instituições de diversos segmentos em todo o território nacional e países de língua portuguesa.

Legalas Aprendizagem e Educação Corporativa

contato@legalas.com.br

www.legalas.com.br

info@mindfulleadership.com.br

www.mindfulleadership.com.br

Glossário

Abraâmicas: Religiões monoteístas que traçam suas origens a partir de Abraão, como o Judaísmo, Cristianismo e Islamismo.

Alcorão: Livro sagrado do Islã, revelado a Maomé.

Alzheimer: Doença neurodegenerativa progressiva que afeta a memória, o pensamento e o comportamento.

Ananda: Termo sânscrito que significa "bem-aventurança" ou "felicidade suprema".

Ásanas: Posturas físicas do Yoga, desenvolvem força, flexibilidade e equilíbrio físico, enquanto promovem a consciência corporal e a tranquilidade mental.

Ashtanga: Oito passos.

Ayurvédica: Sistema tradicional de medicina indiana.

Bíblia: Texto sagrado do Cristianismo, composto pelo Antigo e Novo Testamento.

Bhagavad Gita: Texto sagrado do Hinduísmo que apresenta um diálogo entre o príncipe Arjuna e o deus Krishna, abordando questões filosóficas, éticas e espirituais.

Brahma: No hinduísmo, a divindade suprema, responsável pela criação do universo e considerado o primeiro membro da trindade hindu.

Brahman: No hinduísmo, a realidade suprema e absoluta, a essência imanente e transcendente que permeia o universo.

CEO: Sigla para "*Chief Executive Officer*", em inglês, referindo-se ao cargo de mais alto escalão executivo em uma organização, responsável por liderar a empresa.

C-Level: Termo utilizado para designar os cargos executivos de mais alto escalão em uma empresa, incluindo o CEO (Chief Executive Officer), CFO (Chief Financial Officer), CTO (Chief Technology Officer), entre outros.

Cristianismo: A religião centrada na vida, nos ensinamentos e na mensagem de Jesus Cristo, enfatizando a crença na salvação pela fé e no amor.

Darshanas: Escolas filosóficas clássicas da Índia, que oferecem diferentes perspectivas e sistemas de pensamento para compreender a natureza da realidade.

Dharana: Sexto passo do sistema Yogue, que se refere à concentração intensa e focalizada da mente em um único objeto ou âncora de atenção. Essa prática visa cultivar a atenção plena e preparar a mente para estados mais profundos de meditação.

Dharma: Conceito fundamental das tradições espirituais indianas, refere-se ao dever moral, à lei natural e cósmica, e ao propósito individual na vida. É a busca do caminho certo e da justiça em harmonia com a ordem universal.

Dhyana: Sétimo passo do sistema Yogue, que se traduz pelo aprofundamento de *Dharana*, visando a um estado de consciência expandida e tranquilidade mental.

Doping: Prática de utilizar substâncias proibidas para melhorar artificialmente o desempenho físico ou mental em competições esportivas.

Dosha: Conceito da medicina ayurvédica que se refere aos três princípios biológicos fundamentais – *Vata, Pitta* e *Kapha* – que governam a constituição física e mental de uma pessoa.

Duryodhana: Personagem do épico *Mahabharata*, líder dos Kauravas e principal antagonista dos Pandavas, conhecido por sua ambição e rivalidade com os primos.

Epicteto: Filósofo estoico grego do século I d.C., conhecido por suas obras que abordam o estoicismo como uma filosofia prática para alcançar a felicidade através do autocontrole e da aceitação das circunstâncias.

Eudaimonia: Conceito filosófico grego que representa a realização plena e a felicidade alcançada através da busca do bem comum e do florescimento pessoal.

Ganesha: Uma das divindades do hinduísmo, conhecido como o removedor de obstáculos e o senhor da sabedoria e inteligência.

Guna: Na filosofia Samkhya e na tradição hindu, refere-se às três qualidades fundamentais da natureza – *Sattva* (pureza), *Rajas* (atividade) e *Tamas* (inércia) – que influenciam os aspectos físicos, mentais e espirituais do universo e dos seres vivos.

Hastinapura: Antiga cidade do épico *Mahabharata*, cenário principal dos eventos narrados na epopeia.

Hatha Yoga: Prática milenar que combina posturas físicas (Ásanas) e técnicas de respiração para promover saúde, equilíbrio, flexibilidade e bem-estar geral.

Himsa: Termo sânscrito que significa "violência" ou "dano", condenado pelo Hinduísmo, Budismo e Jainismo. Antônimo de *Ahimsa*.

Hinduísmo: Uma das mais antigas religiões do mundo, baseada em uma variedade de crenças, rituais e práticas espirituais originárias da Índia.

Home Office: Modelo de trabalho em que os funcionários realizam suas atividades profissionais a partir de casa ou de outro local fora do escritório central da empresa, geralmente utilizando tecnologias de comunicação e informação para se conectar virtualmente com colegas e clientes.

Islamismo: Uma das principais religiões Abraâmicas, baseada nos ensinamentos do profeta Maomé e no Alcorão.

Ishvara: Termo sânscrito que pode se referir a um ser supremo, divindade ou princípio cósmico presente em diversas tradições espirituais indianas. É associado à ideia de governança, controle ou poder supremo sobre o universo e todas as coisas.

Judaico-Cristã: Termo que se refere à herança espiritual comum compartilhada pelo Judaísmo e Cristianismo, influenciando valores, crenças e tradições.

Judaísmo: Uma das mais antigas religiões monoteístas, baseada nos ensinamentos da Torá e nas tradições do povo judeu.

Kaivalya: Liberdade absoluta; estado de libertação suprema no Yoga, caracterizado pela realização da consciência individual como sendo fundamentalmente una com o divino.

Kapha: Um dos três *Doshas* na medicina ayurvédica, representando os elementos terra e água, responsável pela estrutura física, estabilidade e resistência do corpo.

Karma: Ação. Crença essencial nas tradições dhármicas, representa a lei de causa e efeito, onde ações passadas influenciam o destino futuro. Reflete a ideia de que cada ação tem consequências.

Kauravas: Personagens do épico *Mahabharata*, antagonistas dos Pandavas.

Klesha: Termo sânscrito que se refere às causas primárias do sofrimento humano.

Krishna: Divindade Hindu, oitava encarnação (ou avatar) de Vishnu.

Kriya: Palavra sânscrita que significa "ação" ou "atividade", frequentemente utilizada para descrever práticas de purificação.

Libido: Termo psicológico que se refere à energia ou ao impulso sexual, associado aos desejos e instintos.

Mahabharata: Um dos épicos mais longos da literatura mundial, contendo a história da Índia, incluindo a guerra entre os Pandavas e os Kauravas, além de ensinamentos morais e filosóficos.

Mórmon: Membro da Igreja de Jesus Cristo dos Santos dos Últimos Dias, uma religião cristã restauracionista fundada por Joseph Smith nos Estados Unidos no século XIX.

Namastê: Saudação comum em diversas culturas do sul da Ásia, que significa "o divino em mim saúda o divino em você", expressão de respeito.

Niyamas: Princípios íntimos.

Pandavas: Na mitologia hindu, os Pandavas são os cinco irmãos protagonistas do épico *Mahabharata*, conhecidos por sua coragem, virtude e lealdade.

Patanjali: Sábio indiano creditado como autor dos *Yoga Sutras*.

Pitta: Um dos três *Doshas* na medicina ayurvédica, representando os elementos fogo e água, responsável pelo metabolismo, digestão e controle das emoções.

Prana: Na tradição do Yoga e do Ayurveda, refere-se à energia vital ou força vital que permeia o corpo e sustenta a vida.

Pranayamas: Técnicas de controle respiratório, destinadas a regular e expandir a respiração, aumentando a vitalidade e acalmando a mente.

Prathyahara: Quinto passo do sistema Yogue, prática de introspecção dos sentidos para evitar o contato com os estímulos externos, direcionando a atenção para o interior, facilitando a concentração e a meditação.

Quiet quitting: Termo que descreve a prática de deixar um emprego sem alarde, discreta e silenciosamente.

Rajas: Na filosofia hindu, representa a qualidade da atividade, paixão e desejo, influenciando a ação.

Regra de Ouro: Princípio ético presente em diversas culturas e religiões, que preconiza tratar os outros como gostaríamos de ser tratados.

Samadhi: Oitavo passo do sistema Yogue, caracterizado como um estado de profunda meditação e absorção, onde o praticante experimenta uma união total com o objeto de sua meditação, transcendendo a dualidade sujeito-objeto. É considerado o estágio mais elevado do Yoga, caracterizado pela clareza mental, serenidade e conexão espiritual.

Samkhya: Uma das seis escolas ortodoxas de filosofia indiana, que sistematiza os princípios metafísicos e cosmológicos do universo.

Samsara: Conceito do hinduísmo e do budismo que representa o ciclo interminável de nascimento, morte e renascimento, condicionado pelas ações (karma) e desejos humanos, e marcado pelo sofrimento e pela ilusão da existência material.

Sattva: Na filosofia hindu, representa a qualidade da pureza, harmonia e equilíbrio, promovendo clareza mental, serenidade e desenvolvimento espiritual.

Satyagraha: Termo sânscrito que significa "força da verdade", concebido por Mahatma Gandhi como um método de resistência não violenta para promover mudanças sociais e políticas baseadas na verdade e na justiça.

Shiva: Uma das principais divindades do hinduísmo, conhecido como o destruidor ou transformador.

Sufismo: Corrente mística do Islã que enfatiza a busca da união com Deus através da experiência espiritual, práticas ascéticas e amor divino.

Sutras: Breves e concisos aforismos ou versos que resumem princípios ou ensinamentos filosóficos, religiosos ou práticos, frequentemente encontrados nas tradições indianas como o Yoga e o Vedanta.

Sutra Avatamsaka: Texto sagrado do Budismo Mahayana, também conhecido como "O Sutra do Ornamento da Flor de Lótus", que descreve a interconexão e interdependência de todos os fenômenos.

Tamas: Representa a qualidade da inércia, escuridão e ignorância, que pode levar à letargia, estagnação e falta de clareza mental.

Tao: No taoísmo, o conceito fundamental que representa o caminho cósmico e natural, a essência que subjaz a todas as coisas e o princípio que guia a harmonia e o equilíbrio.

Taoismo: Filosofia e sistema religioso chinês que enfatiza viver em harmonia com o Tao, o princípio fundamental e indescritível que permeia o universo.

Tattvartha-Sutra: Texto fundamental do Jainismo que sistematiza os princípios filosóficos, éticos e metafísicos desta antiga religião indiana.

Teológica: Relativo à teologia, o estudo acadêmico e sistemático da natureza de divindade, religião e experiência espiritual.

Torá: Texto sagrado do Judaísmo, composto pelos cinco livros de Moisés (Gênesis, Êxodo, Levítico, Números e Deuteronômio), que contém os princípios e ensinamentos fundamentais da fé judaica.

Vata: Um dos três *Doshas* na medicina ayurvédica, representando os elementos ar e éter, responsável pelo movimento, criatividade e atividade no corpo e na mente.

Vedanta: Filosofia espiritual baseada nos Vedas, buscando a compreensão da natureza da realidade, enfatizando a busca pela verdade e a realização espiritual. É uma das seis escolas de pensamento ortodoxo do hinduísmo.

Vishnu: Uma das principais divindades do hinduísmo, responsável pela preservação e manutenção do universo, parte da trindade hindu.

Yamas: Princípios éticos e sociais.

Yang: No taoísmo, o princípio ativo, luminoso e masculino, associado à luz, ao céu, ao sol e ao calor, em contraste com o *yin*.

Yin: No taoísmo, o princípio passivo, receptivo e feminino, associado à escuridão, à terra, à lua e ao frio, em contraste com o *yang*.

Yoga: Uma prática antiga que busca a união entre corpo, mente e espírito, através de posturas físicas, técnicas de respiração e meditação.

Yogues: Praticantes do yoga.

Yudhishthira: Um dos Pandavas no épico *Mahabharata*, conhecido por sua integridade, sabedoria e por ser o mais velho dos irmãos.

Zen: Uma tradição espiritual do Budismo Mahayana que enfatiza a meditação, a simplicidade e a busca pela iluminação através da experiência direta.

Referências

AARONS-MELE, M. Managing in an Anxious World. Harvard Business Review. *Harvard Business Review, Brighton, 27 May 2020*. Disponível em: https://store.hbr.org/product/managing-in-an-anxious-world/bg2003?sku=BG-2003-PDF-ENG. Acesso em: 29 abr. 2024.

ACHOR. S. *O Jeito Harvard de ser Feliz*. São Paulo: Saraiva, 2012.

ALMEIDA, J. F. de. *A Bíblia Sagrada*. Barueri: Sociedade Bíblica do Brasil, 2000.

ALONSO, A. Escândalo sexual derruba cúpula da Federação de Ginástica dos EUA. *El País*, 28 jan. 2018. Disponível em: https://brasil.elpais.com/brasil/2018/01/27/internacional/1517017034_791981.html. Acesso em: 26 abr. 2024.

ARBEX, G. CEO da Salesforce dá lições em livro que as escolas de negócios não ensinam. *Forbes*, 16 out. 2019. Disponível em: https://forbes.com.br/principal/2019/10/licoes-que-as-escolas-de-negocios-nao-ensinam/. Acesso em: 26 abr. 2024.

ARIEIRA, G. (ed.) *Bhagavad Gita* – Diálogo entre Sri Krishna e Arjuna. Rio de Janeiro: Vidya Mandir, 2012.

AXEILROD. A. *Gandhi CEO* – 14 princípios essenciais para guiar e inspirar grandes líderes. Rio de Janeiro: Elsevier, 2011.

BBC News Brasil. *Sono aumenta número de células no cérebro, diz estudo*, 4 set. 2013. Disponível em: https://www.bbc.com/portuguese/noticias/2013/09/130904_celulas_cerebro_sono_lgb. Acesso em: 29 abr. 2024.

BBC News Brasil. *De tráfico de influência a participação em seita:* entenda o escândalo que levou ao impeachment da presidente sul-coreana, 9 dez. 2016. Disponível em: https://www.bbc.com/portuguese/internacional-38260845. Acesso em: 29 abr. 2024.

BBC News Brasil. *Harvey Weinstein é condenado a 23 anos de prisão; entenda o caso em 7 questões*, 18 fev. 2020. Disponível em: https://www.bbc.com/portuguese/geral-51553491. Acesso em: 26 abr. 2024.

BRADY, T. *O Método TB* – como alcançar uma vida inteira de alto rendimento. Rio de Janeiro: Intrínseca, 2018.

CARRASCO, B. *Frase de Epicteto*, 16 jan. 2022. Disponível em: https://www.ex-isto.com/2022/03/epicteto-frases.html. Acesso em: 29 abr. 2024.

CBS NEWS. *L.A. prosecutors declined to pursue sex abuse charges against Les Moonves, citing statute of limitations*, 31 jul. 2018. Disponível em: https://www.cbsnews.com/news/los-angeles-prosecutors-declined-to-pursue-sex-abuse-charges-against-les-moonves-citing-statute-of-limitations/. Acesso em: 26 abr. 2024.

CHOUINARD, Y. *Lições de um Empresário Rebelde*. São Paulo: WMF Martins Fontes, 2015.

DEMETRIO, A. Entenda as patentes envolvidas no caso "Apple Vs. Samsung". *G1*, 25 ago. 2012. Disponível em: https://g1.globo.com/tecnologia/noticia/2012/08/entenda-patentes-envolvidas-no-caso-apple-vs-samsung.html. Acesso em: 26 abr. 2024.

DESTRO. Visões Mórmons Sobre a Riqueza, Bem-Estar e Economia. *Maisfe.org*, 18 jun. 2018. Disponível em: https://maisfe.org/inspiracao/visoes-mormons-sobre-a-riqueza-bem-estar-e-economia/. Acesso em: 29 abr. 2024.

DEVEZA, A. C. R. S. Ayurveda – a medicina clássica indiana. *Revista de Medicina*, São Paulo, v. 92, n. 3, p. 156-65, jul.-set. 2013, Disponível em: https://www.revistas.usp.br/revistadc/article/view/79996. Acesso em: 29 abr. 2024.

EDUCACROSS. *A Teoria do Estado de Fluxo (flow) e seus benefícios na educação*, 4 maio 2021. Disponível em: https://blog.educacross.com.br/educacao/teoria-do-flow/#:~:text=Csikszentmihalyi descreve um estado de,que desafiam as nossas habilidades. Acesso em: 29 abr. 2024.

EL PAÍS. *Apple nega ao FBI acesso ao Iphone do atirador de San Bernardino*, 17 fev. 2016. Disponível em: https://brasil.elpais.com/brasil/2016/02/17/internacional/1455702891_642434.html. Acesso em: 26 abr. 2024.

EKMAN, P. *Atlas of Emotions*. Disponível em: https://atlasofemotions.org/. Acesso em: 29 abr. 2024.

EXAME. *Como a Nike está lutando contra o uso de mão de obra escrava*, 22 abr. 2014. Disponível em: https://exame.com/negocios/como-a-nike-esta-lutando-contra-o-uso-de-mao-de-obra-escrava/. Acesso em: 29 abr. 2024.

FAO – FOOD AND AGRICULTURE ORGANIZATION OF THE UNITED NATIONS. *HomePage*. Disponível em: https://www.fao.org/home/en/. Acesso em: 29 abr. 2024.

FEUERSTEIN. G. *A Tradição do Yoga* – História, Literatura, Filosofia e Prática. São Paulo: Pensamento-Cultrix, 2006.

FEUERSTEIN. G. *As Virtudes do Yoga*. São Paulo. Pensamento, 2009.

FOGAÇA, A. Yvon Chouinard, Fundador da Patagonia que Doou a Empresa. *The Capital Advisor*, 15 set. 2022. Disponível em: https://comoinvestir.thecap.com.br/yvon-chouinard-fundador-da-patagonia-que-doou-a-empresa. Acesso em: 29 abr. 2024.

FOLHA DE S.PAULO. *Doping no auge quase pôs fim à carreira de Maurren*, 23 ago. 2008. Disponível em: https://www1.folha.uol.com.br/fsp/esporte/fk2308200823.htm. Acesso em: 29 abr. 2024.

FORBES. *A arma secreta do novo CEO da Microsoft, Satya Nadella: gritar menos*, 1 out. 2014. Disponível em: https://forbes.com.br/negocios/2014/10/arma-secreta-novo-ceo-da-microsoft-satya-nadella-gritar-menos/. Acesso em: 26 abr. 2024.

FUNDAÇÃO NORBERTO ODEBRECHT. *Saiba quais são os conceitos essenciais da Tecnologia Empresarial Odebrecht*, 1º out. 2015. Disponível em: https://www.fundacaonorbertoodebrecht.com/comunicacao/noticias/2015/10/01/saiba-quais-sao-os-conceitos-essenciais-da-tecnologia-empresarial.html. Acesso em: 26 abr. 2024.

G1. *Fundador de empresa de próteses de silicone é procurado pela Interpol*, 24 dez. 2011. Disponível em: https://g1.globo.com/ciencia-e-saude/noticia/2011/12/fundador-de-empresa-de-proteses-de-silicone-e-procurado-pela-interpol.html. Acesso em: 29 abr. 2024.

G1. *Asia Argento, ativista do movimento #MeToo, fez acordo de US$ 380 mil com jovem que a acusou de abuso, diz jornal*, 20 ago. 2018. Disponível em: https://g1.globo.com/pop-arte/noticia/2018/08/20/asia-argento-ativista-do-movimento-me-too-fez-acordo-de-us-380-mil-com-jovem-que-a-acusou-de-abuso-diz-jornal.ghtml. Acesso em: 26 abr. 2024.

GANDHI, M. K. *Autobiografia* – Minha Vida e Minhas Experiências com a Verdade. São Paulo: Palas Athena, 1999.

GAVIOLI, A. Warren Buffett revela o que procura em todos os seus funcionários. *InfoMoney*, 12 set. 2019. Disponível em: https://www.infomoney.com.br/carreira/warren-buffett-revela-o-que-procura-em-todos-os-seus-funcionarios/. Acesso em: 26 abr. 2024.

GUEDES, A. Metas abusivas levam bancários a doenças mentais, aponta debate. *Agência Senado*, 26 out. 2023. Disponível em: https://www12.senado.leg.br/noticias/materias/2023/10/26/metas-abusivas-levam-bancarios-a-doencas-mentais-aponta-debate. Acesso em: 29 abr. 2024.

HUB ESG, ALAGEV. *Guia de Práticas ESG Para Viagens e Eventos Corporativos*. Disponível em: https://hubesg.alagev.org/guia-completo/. Acesso em: 29 abr. 2024.

INNER DEVELOPMENT GOALS. *Homepage*. Disponível em: https://www.innerdevelopmentgoals.org. Acesso em: 29 abr. 2024.

INSTITUTO HUMANITAS UNISINOS. *Fritjof Capra aponta Brasil como possível líder para um futuro sustentável*, 10 ago. 2013. Disponível em: https://www.ihu.unisinos.br/categorias/171-noticias-2013/522617-fritjof-capra-aponta-brasil-como-possivel-lider-para-um-futuro-sustentavel. Acesso em: 29 abr. 2024.

IPEA – Mercado de Trabalho conjuntura e análise. *Mercado de Trabalho*, ano 25, abr. 2019. Disponível em: https://portalantigo.ipea.gov.br/agencia/images/stories/PDFs/mercadodetrabalho/190821_bmt_66.pdf. Acesso em: 26 abr. 2024.

IYENGAR. B. K. S. *A Árvore do Yoga*. São Paulo: Globo, 2001.

IYENGAR. B. K. S. *Luz na Vida:* a jornada da ioga para a totalidade, a paz interior e a liberdade suprema. São Paulo: Summus, 2007.

IYENGAR. B. K. S. *Luz sobre os Yoga Sutras de Patanjali*. São Paulo: Mantra, 2021.

KAHANE, A. *Poder e Amor* – teoria e prática da mudança social. São Paulo: Senac, 2010.

LEGAL, C. Negociação e Gestão Emocional. *LinkedIn*, 11 ago. 2016. Disponível em: https://www.linkedin.com/pulse/artigo-negocia%25C3%25A7%25C3%25A3o-e-gest%25C3%25A3o-emocional-carlos-legal/?trackingId=QQN0aidHTamv8Hcz%2Bxnwcg%3D%3D. Acesso em: 29 abr. 2024.

LEGAL, C. A mente resiliente (e o que o seu negócio ganha com isso?). *LinkedIn*, 06 jan. 2020. Disponível em: https://pt.linkedin.com/pulse/mente-resiliente-e-o-que-seu-neg%C3%B3cio-ganha-com-isso-carlos-legal. Acesso em: 17 maio 2024.

LOURENÇO, T. Cresce em mais de 140% o número de procedimentos estéticos em jovens. *Jornal da USP*, 12 jun. 2023. Disponível em: https://jornal.usp.br/atualidades/cresceu-mais-de-140-o-numero-de-procedimentos-esteticos-em-jovens-nos-ultimos-dez-anos/. Acesso em: 29 abr. 2024.

MARTINS, V. Caso João de Deus: mulheres que denunciam crimes sexuais são ouvidas durante audiência na Justiça. *G1*, 07 abr. 2022. Disponível em: https://g1.globo.com/go/goias/noticia/2022/04/07/caso-joao-de-deus-mulheres-que-denunciam-crimes-sexuais-sao-ouvidas-durante-audiencia-na-justica.ghtml. Acesso em: 26 abr. 2024.

MATSUKI, E. Zanetti diz que competiu sem saber que grego havia feito série perfeita. *Agência Brasil*, 16 ago. 2016. Disponível em: https://agenciabrasil.ebc.com.br/rio-2016/noticia/2016-08/zanetti-diz-que-competiu-sem-saber-que-grego-havia-feito-serie-perfeita. Acesso em: 29 abr. 2024.

MCCRARY-RUIZ-ESPARZA, E. CEOs de montadoras ganham 350 vezes mais que trabalhadores nos EUA. *BBC News Brasil*, 26 set. 2023. Disponível em: https://www.bbc.com/portuguese/articles/c72k6n0eyllo. Acesso em: 26 abr. 2024.

MEDRIO CHECKUP. Saúde corporativa. *Saúde Corporativa. Por que fazer o check-up aos seus executivos*? Disponível em: https://medriocheck-up.com.br/saude-corporativa/. Acesso em: 29 abr. 2024.

MINISTÉRIO PÚBLICO DO ESTADO DE MINAS GERAIS. *Rompimento da barragem de Fundão, em Mariana: resultados e desafios cinco anos após o desastre*, 29 out. 2020. Disponível em: https://www.mpmg.mp.br/portal/menu/comunicacao/noticias/rompimento-da-barragem-de-fundao-em-mariana-resultados-e-desafios-cinco-anos-apos-o-desastre.shtml. Acesso em: 29 abr. 2024.

MUNDO EDUCAÇÃO. *Poder*. Disponível em: https://mundoeducacao.uol.com.br/sociologia/poder.htm. Acesso em: 29 abr. 2024.

NATURA. *Homepage*. Disponível em: https://www.natura.com.br/. Acesso em: 29 abr. 2024.

NIH – NATIONAL INSTITUTE OF NEUROLOGICAL DISORDERS AND STROKE. *Pesquisa sobre sono*. Disponível em: https://www.ninds.nih.gov/search?search_api_fulltext=sleep. Acesso em: 29 abr. 2024.

NOVA ACRÓPOLE. *Anedota filosófica:* Diógenes e Alexandre, o grande. Disponível em: https://www.acropole.org.br/simbolismo/anedota-filosofica-diogenes-e-alexandre-o-grande/. Acesso em: 29 abr. 2024.

OBSERVATÓRIO DA IMPRENSA. *Para lembrar (e não repetir) Jayson Blair,* 20 jun. 2006. Disponível em: https://www.observatoriodaimprensa.com.br/imprensa-em-questao/para-lembrar-e-nao-repetir-jayson-blair/. Acesso em: 26 abr. 2024.

PIERSON, B. Julgamento envolvendo herbicida Roundup determina que Bayer pague US$ 2,25 bi em indenização. *Invest News*, 24 jan. 2024. Disponível em: https://investnews.com.br/negocios/julgamento-envolvendo-herbicida-roundup-determina-que-bayer-pague-us-225-bi-em-indenizacao/. Acesso em: 29 abr. 2024.

JAWORSKI. J. *A Fonte* – uma jornada à criação do conhecimento, a essência da liderança eficaz. São Paulo: Cultrix, 2014a.

JAWORSKI. J. *Sincronicidade* – o caminho interior da liderança. São Paulo: Senac, 2014b.

KOFFMAN. F. *Metamanagement* – a nova consciência dos negócios. São Paulo: Willis Harman House, 2002.

NAIR, K. *Gandhi:* A Arte da Paz – lições de liderança e ética empresarial e política. Rio de Janeiro: Elsevier, 2005.

PATANJALI. *Os Yoga Sutras de Patanjali*. Tradução do sânscrito e comentários de Carlos Eduardo G. Barbosa. São Paulo: Mantra, 2015.

QUEM É o bilionário que abomina riqueza, anda de carro velho e não tem celular. *Exame*, 2024. Disponível em: https://exame.com/negocios/quem-e-bilionario-que-doou-riqueza-anda-de-carro-velho-nao-tem-celular/. Acesso em: 14 maio 2024.

RANCO,P.C.C.;SILVA,L.X.B. Psicologia humanista de Abraham Maslow: recepção e circulação no Brasil. *Rev. abordagem gestalt.*, Goiânia, v. 23, n. 2, p. 189-199, ago. 2017. Disponível em: http://pepsic.bvsalud.org/scielo.php?script=sci_arttext&pid=S1809-68672017000200007&lng=pt&nrm=iso. Acesso em: 26 abr. 2024.

REUTERS. Wells Fargo chega a acordo de US$ 1 bilhão com acionistas após escândalos. *CNN Brasil*, 16 maio 2023. Disponível em: https://www.cnnbrasil.com.br/economia/wells-fargo-chega-a-acordo-de-us-1-bilhao-com-acionistas-apos-escandalos/. Acesso em: 29 abr. 2024.

ROBBINS, S. P.; JUDGE, T. A.; SOBRAL, F. *Comportamento Organizacional*. 14 ed. São Paulo: Pearson, 2010.

ROSETA, A. S.; KOPELMAN, S.; ABBOTT, J. L. Good Grief! Anxiety Sours the Economic Benefits of First Offers. *Group Decis Negot*, v. 23, p. 629-647, 2014. Disponível em: https://link.springer.com/article/10.1007/s10726-013-9348-4. Acesso em: 29 abr. 2024.

SAGAN. C. *Os Dragões do Eden*. Lisboa: Gradiva, 2002.

SALUM, F.; COLETA, K. Case TOMS SHOES. *Practical Community in Business Model*, set. 2018. Disponível em: https://ci.fdc.org.br/AcervoDigital/Casos/Casos 2018/PCBM - Tom Shoes - CASE.pdf. Acesso em: 29 abr. 2024.

SAMA. *Leila Janah*. Disponível em: https://www.sama.com/leila-janah-founder. Acesso em: 29 abr. 2024.

SANKARACARYA. S. *Tattvabodhah* – o conhecimento da verdade. Rio de Janeiro: Vidya Mandir, 2007.

SARASWATI. S. D. *Valor dos Valores*. Rio de Janeiro: Vidya Mandir, 2001.

SCHARMER, C. O. *Teoria U* – como liderar pela percepção e realização do futuro emergente. Rio de Janeiro: Elsevier, 2010.

SENGE. P. M. *A Dança das Mudanças*. Rio de Janeiro: Campus, 1999.

SENGE. P. M. *A Quinta Disciplina*. São Paulo: Best Seller, 2002.

SERASA. *Mapa da Inadimplência e Negociação de Dívidas no Brasil*. Disponível em: https://www.serasa.com.br/limpa-nome-online/blog/mapa-da-inadimplencia-e-renogociacao-de-dividas-no-brasil/. Acesso em: 29 abr. 2024.

SILVA, C. E. L. da. Repórter que mentiu em 81 ganha mínimo. *Folha de S.Paulo*, 12 maio 1996. Disponível em: https://www1.folha.uol.com.br/fsp/1996/5/12/mundo/10.html. Acesso em: 26 abr. 2024.

SIMÕES, R. S. *O papel dos Kleshas no contexto moderno do ioga no Brasil*: uma investigação sobre os possíveis deslocamentos da causa do mal e da produção de novos bens de salvação por meio da fisiologia biomédica ocidental. 2015. Tese (Doutorado em Ciências da Religião) – Pontifícia Universidade Católica de São Paulo, São Paulo, 2015. 175 f. Disponível em: https://tede2.pucsp.br/bitstream/handle/1960/1/Roberto%20Serafim%20Simoes.pdf. Acesso em: 17 maio 2024.

SUPLICY, E. M. O legado de John Kenneth Galbraith. *Scielo*, 11 dez. 2006. Disponível em: https://www.scielo.br/j/rep/a/qzFyrGhYYWMMdxnTB6wC5hM/. Acesso em: 29 abr. 2024.

TAIMNI. I. K. *A Ciência do Yoga (Comentários sobre os Yoga-Sutras de Patanjali à luz do pensamento moderno)*. Brasília: Teosófica, 2001.

TANKERSLEY, J. What drives mary barra. *Stanford Magazine*, set./out. 2011. Disponível em: https://stanfordmag.org/contents/what-drives-mary-barra. Acesso em: 26 abr. 2024.

TAOISMO.ORG. *O que é o tao?* Disponível em: https://taoismo.org.br/sociedade-taoista/jornal-tao-do-taoismo/o-que-e-o-tao/. Acesso em: 29 abr. 2024.

TOMAZ, K.; MACHADO, L. Abdelmassih é indiciado por mais 37 estupros e manipulação genética. *G1*, 25 jun. 2016. Disponível em: https://g1.globo.com/sao-paulo/noticia/2016/06/abdelmassih-e-indiciado-por-mais-37-estupros-e-manipulacao-genetica.html. Acesso em: 26 abr. 2024.

ULUKAYA, H. O manual do anti-CEO. *TED*, abr. 2019. Disponível em: https://www.ted.com/talks/hamdi_ulukaya_the_anti_ceo_playbook/transcript?language=pt. Acesso em: 29 abr. 2024.

UNILEVER. *Ben & Jerry's*. Disponível em: https://www.unilever.com.br/brands/ice-cream/ben-jerrys/. Acesso em: 29 abr. 2024.

WELEDA. *Homepage*. Disponível em: https://www.weleda.com.br/. Acesso em: 29 abr. 2024.

WIKIPÉDIA. *Arthur Andersen*. Disponível em: https://pt.wikipedia.org/wiki/Arthur_Andersen. Acesso em: 26 abr. 2024a.

WIKIPÉDIA. *Lance Armstrong*. Disponível em: https://pt.wikipedia.org/wiki/Lance_Armstrong. Acesso em: 26 abr. 2024b.

WIKIPÉDIA. *Explosão da plataforma Deepwater Horizon*. Disponível em: https://pt.wikipedia.org/wiki/Explos%C3%A3o_da_plataforma_Deepwater_Horizon. Acesso em: 29 abr. 2024c.

WIKIPÉDIA. *Eileen Fisher*. Disponível em: https://en.wikipedia.org/wiki/Eileen_Fisher. Acesso em: 29 abr. 2024d.

WHAT IS Corruption. Transparency International, 2024. Disponível em: https://www.transparency.org/en/what-is-corruption. Acesso em: 14 maio 2024.